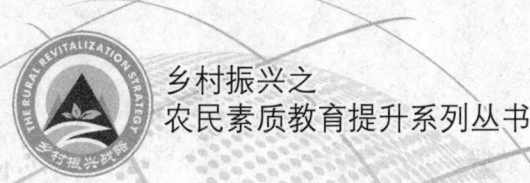

乡村振兴之
农民素质教育提升系列丛书

乡风文明培育必读

◎ 彭晓明　徐铁男　刘文峰　主编

中国农业科学技术出版社

图书在版编目（CIP）数据

乡风文明培育必读 / 彭晓明，徐铁男，刘文峰主编. —北京：中国农业科学技术出版社，2020.7（2022.2重印）

（乡村振兴之农民素质教育提升系列丛书）

ISBN 978-7-5116-4855-6

Ⅰ.①乡… Ⅱ.①彭… ②徐… ③刘… Ⅲ.①农村-精神文明建设-中国 Ⅳ.①D422.62

中国版本图书馆 CIP 数据核字（2020）第 118763 号

责任编辑 张国锋
责任校对 贾海霞

出 版 者	中国农业科学技术出版社
	北京市中关村南大街 12 号　邮编：100081
电　　话	(010)82106636(编辑室)　(010)82109702(发行部)
	(010)82109709(读者服务部)
传　　真	(010)82106631
网　　址	http://www.castp.cn
经 销 者	各地新华书店
印 刷 者	北京科信印刷有限公司
开　　本	850 mm×1 168 mm　1/32
印　　张	5
字　　数	140 千字
版　　次	2020 年 7 月第 1 版　2022 年 2 月第 5 次印刷
定　　价	26.00 元

━━━━━ 版权所有·翻印必究 ━━━━━

《乡风文明培育必读》
编委会

主　编： 彭晓明　徐铁男　刘文峰

副主编： 吕姜宁　隆姣莉　周建新　林　锋
　　　　　聂　卉　崔振尧

编　委： 申腊梅　王向英　王　鑫　刘素芳
　　　　　陈岩松　李艳蒲　李东山　桂　凤
　　　　　张伟英

前　言

2017年10月，党的十九大提出了实施乡村振兴的伟大战略，要求按照"产业兴旺、生态宜居、乡风文明、治理有效、生活富裕"的要求实施乡村振兴战略。大力推进新农村建设，乡风文明仍然是其重要内容，在我国当前的社会主义新农村建设中，乡风文明作为建设社会主义新农村的重要目标，凸显了精神文明在社会主义新农村建设中的重要作用，揭示了精神文明在新农村建设中所赋予的新内涵。

乡风文明建设是一项复杂的系统工程，涉及农村社会的各个领域和农民生产生活的各个方面。本书以通俗易懂的语言对乡风文明建设进行了解读。具体内容包括乡风文明建设概述、新农村乡风文明建设实践、加强农民道德规范、崇尚家庭美德、丰富乡村文化、懂得文明礼仪、弘扬乡贤文化、乡风文明建设典型案例等。通过本书的阅读，希望农民朋友能够认识到乡风文明建设的重要性，并逐步形成良好的生活、行为习惯和蓬勃的精神面貌，营造出友善互助的和睦村风。

由于水平有限，书中存在的不足在所难免，欢迎广大读者指正和谅解。

编　者

2020年4月

目 录

第一章 乡风文明建设概述 ………………………………… 1
- 第一节 乡风与文明 …………………………………………… 1
- 第二节 新农村乡风文明建设的内容 ………………………… 9
- 第三节 乡风文明建设的地位和作用 ………………………… 12

第二章 新农村乡风文明建设实践 ………………………… 22
- 第一节 新农村乡风文明建设的历程 ………………………… 22
- 第二节 新农村乡风文明建设的主要内容 …………………… 27
- 第三节 新农村乡风文明建设的成效 ………………………… 30

第三章 加强农民道德规范 ………………………………… 34
- 第一节 遵守社会公德 ………………………………………… 34
- 第二节 提升政治法律素质 …………………………………… 37
- 第三节 恪守农业职业道德 …………………………………… 44

第四章 崇尚家庭美德 ……………………………………… 54
- 第一节 尊老爱幼的传统美德 ………………………………… 54
- 第二节 相敬如宾的夫妻关系 ………………………………… 59
- 第三节 和睦相处的邻里关系 ………………………………… 64

第五章 丰富乡村文化 ……………………………………… 74
- 第一节 完善农村公共文化服务体系 ………………………… 74
- 第二节 加大惠民文化工程建设 ……………………………… 77

第三节　大力推进文化育民 ················· 79
　　第四节　保护乡土文化，打造文化品牌 ········· 81
第六章　懂得文明礼仪 ························· 91
　　第一节　学习使用普通话 ····················· 91
　　第二节　摒弃农村陋习 ······················· 93
　　第三节　传承乡村优秀传统文化 ··············· 96
第七章　弘扬乡贤文化 ························· 99
　　第一节　乡贤文化的概况 ····················· 99
　　第二节　弘扬乡贤，垂范乡里 ················ 101
　　第三节　乡贤反哺，引领发展 ················ 104
第八章　乡风文明建设典型案例 ················ 111
　　第一节　浙江省仙居县：聚力乡风文明、助推乡村
　　　　　　振兴 ···························· 111
　　第二节　湖北省宣恩县："无形的文明"有形化
　　　　　　村寨山水换新颜 ···················· 114
　　第三节　山西省运城市：激活乡土文化　书写乡风
　　　　　　文明新坐标 ························ 118
　　第四节　山东郯城县：以乡风文明铸乡村振兴之
　　　　　　"魂" ······························ 123
　　第五节　甘肃省金昌市：实施"六大工程"　涵育
　　　　　　文明乡风 ·························· 127
　　第六节　浙江省舟山市：文化甘露润城乡　文明新风
　　　　　　扑面来 ···························· 129
　　第七节　河南省平舆县：美丽乡村劲吹文明乡风 ··· 136

第八节　河北省丰宁县："道德银行"全覆盖
　　　　"爱心超市"深融合 …………………… 140
第九节　贵州省玉屏：传颂"好人文化"　厚植乡村
　　　　"尚德"沃土 ……………………………… 143
第十节　辽宁省盘山县：践行核心价值观　培育乡村
　　　　文明新风尚 ……………………………… 146
参考文献 …………………………………………………… 150

第一章　乡风文明建设概述

党的十九大提出："要坚持农业农村优先发展，按照产业兴旺、生态宜居、乡风文明、治理有效、生活富裕的总要求，建立健全城乡融合发展体制机制和政策体系，加快推进农业农村现代化。"这不仅为农业农村改革发展指明了方向，也为农村精神文明建设工作提供了根本保障。两相对照，从"生产发展"到"产业兴旺"，从"生活宽裕"到"生活富裕"，从"村容整洁"到"生态宜居"，从"管理民主"到"治理有效"，不难看出，在中国特色社会主义进入新时代、"三农"事业获得长足发展的新形势下，农业农村发展的战略要求也进行了"升级"，从而更符合广大农民群众日益增长的美好生活需要。

第一节　乡风与文明

一、乡风

从字面上看，对"乡风"的解释有几种。

（1）乡里的风俗；地方风俗。宋苏轼《馈岁》诗："亦欲举乡风，独唱无人和。"

（2）乡，通"向"，趋从教化。指政治上的归顺或对个人的敬仰。《管子版法》："万民乡风，旦暮利之。"宋王安石《谢林中舍启》："乡风有年，修问无所。"

（3）乡，通"向"，指趋向某种风气。章炳麟《校文士》：

"而后生信其(指袭自珍)进耀,以为巨子,诚以舒纵易效,又多淫丽之词,中其所嗜,故少年靡然乡风。"

从社会学意义上看,乡风是由自然条件的不同或社会文化的差异而造成的特定乡村社区内人们共同遵守的行为模式或规范,是特定乡村社区内人们的观念、爱好、礼节、风俗、习惯、传统和行为方式等的总和,在一定时期和一定范围内被人们仿效、传播并流行(图1-1)。乡风作为一种习惯、风尚和爱好,既是特定乡村内人们在长年累月中沉淀下来的一种行为方式,也表现为这些行为方式背后的乡村成员的文化和价值观念,该地区人员群体的文化内涵和价值观念是该地区乡风得以形成的根本内在原因;而乡风所表现出来的习惯和风尚则是文化内涵和价值观念的具体体现,而且通常情况下,这种习惯和风尚经过相互作用还会对该地区人们形成无形的社会约束和行为规范。乡风是多年来本地区传承下来的不成文的约定,在发展过程中逐渐形成并凸显出其自身的特点,人们普遍遵循,很难改变。

图1-1 乡村节庆活动

第一章 乡风文明建设概述

1. 乡风的地域性

俗话说"一方水土养一方人",农村的乡风在地理环境、经济发展水平等基础上展现出不同的地域特点。我国国土面积广阔,东西南北中,在我国广袤的土地上散落着无数的村落,这些村落在语言、历史传统、地位环境、经济发展水平等各个方面尽显不同,在乡风上也有所不同。比如,正月十五元宵节,各地的食俗就有很大的区别。在北方,饺子是元宵节不可缺少的节日食品。究其原因:一是饺子形如元宝,人们在春节吃饺子取"招财进宝"之音;二是饺子有馅,便于人们把各种吉祥的东西,比如,金如意、花生、糖、枣等包进馅里,以寄托人们对新年的祈望,吃到金如意和糖的人来年的日子更甜美;吃到花生的人将健康长寿;吃到枣和栗子的人寓意"早生贵子"。河南人有"十五扁、十六圆"的元宵节传统习俗,河南的一些地区将饺子和面条放在一起煮,名曰"金线穿元宝"。饺子这一节日佳肴在给人们带来年节欢乐的同时,已成为中国饮食文化的一个重要组成部分。江北地区民间流传有"上灯元宵,落灯面,吃了以后望明年"的民谚;当地人在正月十五晚上要吃面条,听起来与元宵不相关,但也有祈求吉利之意。《仪徵岁时记》载:"(正月)十八落灯,人家啖面,俗谓'上灯圆子落灯面',各家自为宴志庆。"落灯时吃面条寓意喜庆绵绵不断之意。在南方,元宵节家家户户吃汤圆,汤圆的馅主要以果料和干果为主,包括芝麻、核桃、花生,再加上植物油,营养价值就"更上层楼"。煮汤圆时,因为它开锅之后漂在水上,煞是好看,让人联想到一轮明月挂在云空。天上明月,碗里汤圆,家家户户团团圆圆,象征着团圆吉利。因此,吃汤圆表达的是人们祈求全家团团圆圆的美意。

2. 乡风的稳定性

乡风是长期相沿积久而成的风尚、习俗,乡风作为传承性文化,在一定时期内具有相当的稳定性,不易变动,具有继承性。

如我国传统民俗、民间非物质文化遗产等在今天许多仍旧原汁原味。被誉为"华夏民俗一绝"的广汉保保节是四川省广汉市雒城的地方传统节日。起源于民间的游百病与拉（拜）保保习俗。正月十六游百病，清代即已成俗，有"正月十六游百病，游了百病不生病"之说。这一天，城乡男女老少多出门一游，到城内的一般要上城墙游览，并在文庙万仞宫墙附近古柏林中折一小枝柏丫，插在头上或帽檐，取柏字的谐音，喻百事顺遂、百病不生、白头偕老、富贵白头等之意。同时，也有携带幼婴于大柏树下拉保保（干爹）的。"拉保保"是当地很有影响力的一个民间习俗，每到这天都要万人空巷地出门游玩，为孩子拜干爹，结干亲家，也就是"拉保保"。"在广汉，没过正月十六，那都不算过完年。"保保节是川西平原上一个很有影响力的节日，据 2017 年 2 月 13 日四川在线消息报道，2017 年的正月十六，广汉及周边的一些城市，如成都、绵阳、德阳等地近 20 万人涌入广汉主城区狂欢，感受这 300 年来传承至今的民俗节日。

3. 乡风的时代性

乡风是农村日常生活中的重要一部分，是人们对现实生活在观念和行为上的反映。因此，乡风与经济、政治等方面密切相关，具有时代性。从历史发展历程来看，不同的政治、经济、文化氛围会推动乡风产生变化以适应当前的农民生活需要。一个地区乡风的形成往往受当时的经济环境、政治环境、文化环境的影响，虽然乡风在形成后的一段时期内仍具有一定的稳定性，但随着时代的发展、环境的变化，乡风的具体内容往往也会随之发生改变，比如通过对当前我国各地婚姻习俗的考察可以发现，我国的婚俗及其文化含义正在发生着缓慢而根本性的变化。其中，最为重大的变化是婚姻风俗中的传统因素在逐步衰落，比如，"六礼"程序、媒妁制度、看男女双方"八字"等习俗在逐步弱化或消失，婚姻程序逐渐向现代婚礼形式进化，即使在广大农村地区，西式婚礼也开始流行起来。婚礼中原先所蕴含的神圣意味在逐步丧失，婚礼过程更加突出娱乐性，甚至在有的地方，婚礼中还出现了低俗、恶俗的内容。

4. 乡风的群体性

乡风并非个人思想行为，不是个人的喜好和行为的体现，而是一种在特定群体环境下形成的群体思想意识和群体行为方式，是整个地区普遍的价值观念、行为模式的普遍反映，是一种群体性的意识形态和行为方式的集合。这种意识和行为在聚居人群中往往已经得到广泛传播、竞相模仿，这种群体意识和群体行为所表现出来的不是简单的群体行为，而是一种群体中每个人都对这种乡风认同。

5. 乡风的规范性

乡风由于在特定群体中的广泛传播和竞相模仿，以及大部分群众的认同，就会在该地区形成一种特有的价值评判方式，规范人们的思想行为，形成一种特定的文化氛围，而这种文化氛围往往能够对人们的行为具有普遍的规范、约束、评价的作用，深刻影响着人们的社会行为与思想认识。所以，一种乡风一经形成，就会对该地区居民的行为规范和行为方式产生巨大的影响，它渗透于社会生活的各个方面，以舆论和价值评判等形式影响群体的观念和行为，往往具有一种隐含的强制规范性。好的乡风能够使人积极向上、艰苦奋斗，促进该地区的发展；坏的乡风也有可能会使人好逸恶劳、贪图享乐，对该地区发展产生不利影响。

二、文明

文明是人类社会发展到一定历史阶段的进步状态。《汉典》解释为：① 人类所创造的财富的总和，特指精神财富，如文学、艺术、教育、科学；② 指人类社会发展到较高阶段并具有较高文化的状态；③ 旧指具有当时西方色彩的文明戏；④ 光明，有文采。《辞海》解释为：①犹言文化；②指人类社会进步状态，与"野蛮"相对；③光明，有文采。《汉典》和《辞海》对于"文明"一词的解释大致相同，"文明"一词作为名词，泛指人类所创造的所有财富的总和或特指精神财富；作为形容词，是指事物的一种现代、高级的状态，多特指文化。其实，"文明"一词由来已久，在《易经》中就有"见龙在田，天下文明"的语句。概括地讲，文明是指人类所创造的物质财富和精神财富的总和。它体现为社会进步状态，涵盖了人与人、人与社会、人与自然的关系，关照着人们的知识水平与生活方式。具体到每个人，文明则与学识修养、道德水准、品格素质、精神气质相联系。善良、诚信、知礼、守法等都是其题中应有之义。"人无礼不立，事无礼不成，国无礼不宁。"文明鼓励人们追求个人道德的完善，也维护着公众利益与公共秩序。所以，它既让人感到亲切，也让人充满敬畏。

人类社会的每一次跃进，人类文明的每一次升华，无不伴随着文化的历史性进步。文化是民族生存和发展的重要力量。中华文明是四大文明古国中唯一一个没有发生断裂并延续发展至今的文明，有着极其顽强的生命力和大有可为的潜力。我们正是在传承和弘扬"讲仁爱、重民本"的底蕴、"守诚信，崇正义"的品质、"尚和合，求大同"的视野中，奠定了文化自信的基础。在五千多年文明发展中孕育的中华优秀传统文化，在党和人民伟大斗争中孕育的革命文化和社会主义先进文化，积淀着中华民族最深层的精神追求，代表着中华民族独特的精神标志。中国灿烂的传统农业文明是古代中国贡献给全世界宝贵的文化资源。美国学者理查·罗蒂在《哲学与自然之镜》一书中指出："在一切非西方的文化间，中国的文化无疑是最古老、最具影响力，也是最丰富多彩的。人们或许因此可以希望，在西方理解自身过程中最近发生的变化，将有助于西方知识分子从中国方面多多获益。"中国是世界三大农业起源中心之一。早在远古时期,中国就有了农业文明的萌芽,"神农尝百草"的传说就是那段历史留下的印迹。在我国辽阔的土地上,已发现了成千上万处新石器时代原始农业的遗址,最早的当在一万年以前。考古证明,距今七八千年的时候,我国的原始农业已经相当发达了。一般认为,我国的原始农业在夏朝开始向传统农业过渡。在漫长的传统农业经济社会里,我们的祖先用他们的勤劳和智慧,创造了灿烂的农耕文化。随着农业文明社会的形成,农耕文化便成为中国文化之根。源远流长的农耕文化,不但铸造了中华民族光辉灿烂的历史,书写了中国人的伟大与自豪,而且今天仍然渗透在我们的生活中,特别是乡村生活的方方面面。在由传统农业向现代农业转型的今天,深入发掘农耕文化的内涵及当代价值,具有十分深远的历史意义和现实意义。

中国的文化是农耕文化,中国社会的基层是乡土性的。费孝通构建的乡土中国理论,实际上为回答"中国乡村社会的基本性质是什么"这一问题提供了答案:"从基层上看去,中国社会是乡土性的。"乡土中国即指中国基层乡村社会的基本性质是乡土性的。"乡土中国"是费孝通在"江村经济"和"禄村农田"的"微观社会学"研究基础上提炼出的一个理想型概念。乡土中国"并不是具体的中国社会的素描,而是包含在具体的中国基层传统社会里的一种特具的体系,支配着社会生活的各个方面"。乡土中国的解释得到了广泛传播,也自此成为传统乡村社会基本特征的权威总结。

改革开放40年来,党和国家非常重视农村、农业、农民问题。在农村,废除了延续上千年的"皇粮国税",乡村振兴上升为国家战略;中央连续出台政策以改善农村状况,覆盖城乡公共文化体系框架基本建立,实施了"农家书屋""农民夜校"等文化下乡活动,丰富了乡村文化休闲,既拓展延伸了公共文化服务,也促进了城乡文化互动互进;同时,文物保护单位数量在增加,文化遗产保护力度在加大,生态保护区的建设也在逐步推进。一方面,城市化和城乡一体化进程的加速推动着新农村建设,农村文化与城市文化、现代文化进行着融合互动;另一方面,传统的乡村文化在现代化进程中遭遇到"破坏有余"而"重建不够"的历史命运。有学者认为,乡村文化是乡民在长期的生产与生活中所逐渐形成并发展起来的一套心理、思想、观念和行为模式,以及为表达它们而制作出来的种种成品。它内敛为乡民的情感心理、思想观念、处世态度、人生追求、行为习惯,外显为民风民俗、典章制度和生活器物,是乡民生活世界的重要组成部分。以善良、淳朴、亲情、善恶分明等为代表的伦理价值理念是乡村文化的核心,也正是由于拥有这些伦理价值,乡村社会维系着和谐与稳定。在乡村秩序发展问题上,也有学者认为,在传统中国,乡村文化以独特的秩序意义规范和约束着人们的行为,维护着社会的稳定。内生于乡村社会的乡村文化,既以生态智慧建设着美好家园的"生活秩序",也以道德交往维系着心灵家园的"精神秩序",更用约定俗成的非制度性规范促使人们形成"自觉秩序"。

因此,中华民族的优秀文化传统不应当被漠视、遗忘甚至抛弃,重新认识文化在社会发展中的地位、重视传统文化在社会治理中的功能很有必要。然而,中国社会的文化形态已经发生了巨大变化,这就要求我们在观察、分析和概括中国社会变迁问题时,应当对传统文化与现代文化对立并存且相互冲突的矛盾关系有足够清醒的认识,对传统文化的基础地位和延续给予足够重视,对传统文化在新形势下的转向做出探寻姿态。

三、乡风文明

乡风文明,单从字面意思来理解应该侧重的是乡风,落脚在文明，简单地说就是好的乡村风气。

乡风文明是指在完善的乡村基础设施上，一群有高素质、高文化的新型农民群体，建构起乡村崇尚传统文化、崇尚科学文明的社会风气，形成符合时代特色的家庭伦理关系、邻里关系、党群关系，树立进步的思想意识与道德观念，继承和发扬创新传统文化产业。

乡风文明建设事业的开展，实际上是我国社会主义精神文明建设事业在乡村地区的集中体现，其内容涵盖多个方面，包括文化、风俗、法制和社会治安等，核心在于推动和引导广大农民树立一种能够适应于乡村发展的思想境界、理念和意识，养成科学、合理、文明和健康的生活方式，提高自身的素质、文化和技术，营造强劲的生产力，酿造优质的社会环境。

第二节　新农村乡风文明建设的内容

乡风文明是乡村文化的一种状态，是一种有别于城市文化，也有别于以往农村传统文化的一种新型的乡村文化。它表现为农民在思想观念、道德规范、知识水平、素质修养、行为操守以及人与人、人与社会、人与自然的关系等方面继承和发扬民族文化的优良传统，摒弃传统文化中消极落后的因素，适应经济社会发展，不断有所创新，并积极吸收城市文化乃至其他民族文化中的积极因素，以形成积极、健康、向上的社会风气和精神风貌。乡风文明建设旨在使农民的思想、文化、道德水平不断提高，在农村形成崇尚文明、崇尚科学的社会风气，农村的教育、文化、卫生、体育等事业发展逐步适应农村生活水平不断提高的需求，使一个地区村落的乡风向更加现代、健康、文明、高级的方向发展。

乡风文明是一个自然的、历史的演进过程，反映了人们自身的现代化的要求，是人们物质需要和精神需要得到相对满足的体现，是一种健康向上的精神风貌。同时，乡风文明反映了时代的精神特征，是历史发展的要求。自古以来，我国历代帝王将相都对乡风文明建设十分重视。如在《尚书·尧典》中就有对乡风文明建设的记载："克明俊德，以亲九族。九族既睦，平章百姓。百姓昭明，协和万邦，黎民于变时雍。"这里就提到培养人们的品德，和睦九族，引导、规范百姓的行为，使之和谐、文明、有礼。

不同时期的新农村建设有不同的目标和方向，也就有不同的内涵。20世纪50年代，社会主义新农村建设的目标提到了国家发展的议事日程，新农村建设的目标首先是合作化、人民公社化；60—70年代是以机械化、工业化为奋斗目标；80—90年代，工业化、城镇化成为新农村建设的美好追求。纵观20世纪我国新农村建设的历史沿革不难发现，这些建设目标都是以发展生产为出发点，以物质文明建设为核心，关注的层面主要在经济层面上。随着改革开放的深入，我国工业化水平的不断提升，城市化进程逐步加快，乡村富余劳动力不断地向城市聚集，乡村能人成为流动的主体，新城镇、城郊村的建设与管理面临着新问题，这些问题和困难是系统性、综合性的，客观上需要整体推进，精神文明建设成了当务之急。尤其是进入21世纪以后，社会、经济、政治、文化、生态相互交融，在综合国力竞争中的地位和作用越来越突出，文化的影响力日益扩大，精神层面、文化层面上的要求越来越迫切。新中国成立以来，各个历史时期新农村建设的经验教训构成了乡风文明建设的历史背景。

经过相当长一段时间的努力，我国农村的精神文化生活已经取得了较大的改善，农村文化建设呈现较快、较好的发展态势。但同时，目前我国农村文化建设还存在不少问题和困难。农村文化建设的现状与农民实际精神文化需求之间还存在较大的差异和

第一章　乡风文明建设概述

不协调,农村文化建设与当下社会经济发展情况也有不相适应的地方。比如,有的相互攀比,大摆婚庆宴席、大收天价彩礼;有的讲究排场,大搞封建迷信、大办豪华葬礼;有的碍于面子,盲目从众,大操大办老人寿诞、小孩满月、子女升学、新居乔迁等名目繁多的活动。还有的村庄室内很现代、室外很脏乱,生活很富裕、文化很匮乏。凡此种种,已经成为人们心中难以割舍之痛,成为美丽乡村建设的污浊混沌之气,成为文明乐章中的不和谐音符。

良风美俗对社会生活发挥着规范、教化和调节的作用,而陈规陋习则阻碍社会的进步与发展。婚丧嫁娶、起土上梁、乔迁升学等,这些乡村社会的常态化生活场景,在中国的广袤大地上各具特色,但大体相同的仪式和传统,体现了千百年来约定俗成的人文情怀。红白筵席、彩礼嫁妆,人情往来本意是维系情感,一旦夹杂了太多功利意识和攀比心理,就使传统习俗变成了陋俗,败坏了社会风气,扭曲了正常的人际关系,加重了很多人特别是农民的经济负担。在社会主义核心价值观建设蓬勃开展的今天,一些农村地区的不良风气、陈规陋习仍然大行其道。据报道,现在一些农村地区流行"天价彩礼",不少农民为了娶媳妇而负债累累,甚至重新返贫。很多农村青年哀叹"娶不起媳妇""结不起婚"。农村攀比之风愈演愈烈,婚丧嫁娶大操大办,各种名目的酒席越来越多,人情消费越来越高,已经成为老百姓的沉重负担,让曾经淳朴的乡土民风变了味儿。保持生活的仪式感,承续婚丧嫁娶的传统风俗不可或缺。然而,被礼金"绑架"的乡村,绝不是乡土社会的应有面貌,必须引起全社会的高度重视,采取有力措施,加以改变。

古往今来,移风易俗是一个永恒的话题。"孝公用商鞅之法,移风易俗,民以殷盛";汉朝视"风俗"攸关国运兴衰;"致君尧舜上,再使风俗淳"是杜甫一生的政治理想。中国共产党一贯主张移风易俗，毛泽东曾提出"移风易俗，改造国家"等主张。党的十八大以来，大力推进和深化社会主义核心价值观建设，明确要求"弘扬中华传统美德，弘扬时代新风"，去除不适应时代发展的陈旧风俗，树立文明乡风，建设中华民族共有的精神家园成为题中应有之义。当下，农村的协调发展、社会的全面进步，离不开文明乡风的助推、精神文化的蕴含。尊良俗、去低俗、废恶俗日益成为广大人民群众构建精神家园的热切期盼，扮亮美丽乡村的共同心声。但是，风俗的形成是一个缓慢的过程，同样，移风易俗也不可能速干速成，急功近利短时可能奏效，长远必定反弹。移风易俗也得寻求善治智慧，需要久久为功、常抓不懈，在长效机制建设上下工夫。对此，我们既要有足够的恒心和耐心，又要有坚定的信心和决心；既要循循善诱，又要言传身教，在潜移默化中改变不合时宜的旧习俗，在润物无声中植入民淳俗厚的新风尚，用文明之风滋养美丽乡村。

第三节　乡风文明建设的地位和作用

一、乡风文明是乡村振兴战略的核心内容

党的十九大报告提出实施乡村振兴战略，并重提乡风文明，具有重要意义。乡风文明不仅是乡村文化建设的主要内容，也对乡村产业、乡村生态、乡村治理以及百姓生活富裕等产生重要影响。走中国特色社会主义乡村振兴道路，必须传承、发展和提升农耕文明，走乡村文化兴盛之路。坚持物质文明和精神文明一齐抓，弘扬和践行社会主义核心价值观，加强农村思想道德建设，传承、发展和提升农村优秀传统文化，加强农村公共文化建设，开展移风易俗行动，提升农民精神风貌，培育文明乡风、良好家风、淳朴民风，不断提高乡村社会

文明程度。乡风文明是乡村振兴的重要基础和重要保障，是乡村建设的灵魂所在。

乡风文明是乡村建设的长期任务，不是短期内可以完成的，更不可能一蹴而就；是实施乡村振兴战略的核心内容，也是难点所在，需要坚持不懈的努力。长期以来，由于乡村建设存在重经济发展、轻文化建设的倾向，以致出现农村的文化建设与农村经济社会发展不相适应的现象。乡风文明建设没有得到足够的重视，一些地方村落共同体解体、干群关系紧张、邻里矛盾突出、诚信缺失、德孝文化削弱、守望相助传统消失，乡村增加了不和谐的音符，各种矛盾的积累甚至成为社会不稳定的因素。因此，建设乡风文明既是乡村建设的重要内容，也是中国社会文明建设的重要基础。乡风文明建设要把优秀传统文化和现代文化融为一体，潜移默化地渗透到乡村生产和社会生活方式中，并转变成人们的自觉行动，内化为人们的信仰和习惯。这就需要把乡风文明作为一个系统工程长期坚持。

二、乡风文明是乡村精神文明建设的必然要求

乡风文明建设的实质在于加快乡村精神文明建设，提高农民的科学文化与思想道德素质，使农民的精神需求得到满足，为乡村社会优化发展提供思想保证。加强乡风文明建设就是加强和改善乡村人文、社会环境的力度，使乡村文化建设在健康的环境下全面现实，营造和谐的社会氛围，促使农民由传统生活向现代文明生活转变。可以说，没有乡村的乡风文明，就不可能有全社会的精神文明。

三、乡风文明是乡村文化资源传承的内在需求

乡风文明建设以保护乡村人文景观、文化遗产、民风民俗为重点，因地制宜地确定保护、传承、弘扬文化内容，挖掘传统农

耕文化、山水文化、人居文化中丰富的思想和内涵，系统保护乡村历史、文化遗产、景观风貌和人文资源，传承乡土形式和内涵。

因地制宜地建设文化广场、乡村文化展览室、农史馆等文化休闲载体，加强生态文明知识普及教育，积极引导村民追求科学、健康、文明的生产生活和行为方式，提高农民群众的文明素养，形成乡村精神文明新风尚。

四、乡风文明是乡村社会稳定的重要保证

乡村稳定事关国家长治久安。乡村不稳定，整个政治局势就不稳定。尽管我国自改革开放以来，乡村社会相对有了极大进步，但仍然有封建落后的习俗、活动存在，甚至正腐蚀着人们的心灵。因此，需要坚定不移地以乡风文明建设为抓手，大力加强乡村基层组织建设和干部队伍建设，解决好农民反映强烈的突出问题，切实把村民的冷暖安危放在心上，维护村民的合法权益，保证乡村社会的安定稳定，为乡村振兴提供保障。

五、乡风文明是美丽宜居乡村建设的重要保障

党的十九大将"乡村振兴战略"作为国家战略，要求新农村建设要实现"产业兴旺、生态宜居、乡风文明、治理有效、生活富裕"。

乡村振兴，产业兴旺是重点。必须坚持质量兴农、绿色兴农，实施质量兴农战略，加快推进农业由增产导向转向提质导向，夯实农业生产能力基础，确保国家粮食安全，构建农村第一、第二、第三产业融合发展体系，积极培育新型农业经营主体，促进小农户和现代农业发展有机衔接，推进"互联网+现代农业"，加快构建现代农业产业体系、生产体系、经营体系，不断提高农业创新力、竞争力和全要素生产率，加快实现由农业大

第一章　乡风文明建设概述

国向农业强国转变。

乡村振兴，生态宜居是关键。良好的生态环境是农村最大优势和宝贵财富。必须尊重自然、顺应自然、保护自然，推动乡村自然资本加快增值，实现百姓富、生态美的统一。

乡村振兴，乡风文明是保障。必须坚持物质文明和精神文明一起抓，提升农民精神风貌，培育文明乡风、良好家风、淳朴民风，不断提高乡村社会文明程度。

乡村振兴，治理有效是基础。必须把夯实基层基础作为固本之策，建立健全党委领导、政府负责、社会协同、公众参与、法治保障的现代乡村社会治理体制，坚持自治、法治、德治相结合，确保乡村社会充满活力、和谐有序。

乡村振兴，生活富裕是根本。要坚持人人尽责、人人享有，按照抓重点、补"短板"、强弱项的要求，围绕农民最关心、最直接、最现实的利益问题，一件事情接着一件事情办，一年接着一年干，把乡村建设成为幸福美丽新家园（图1-2）。

图1-2　美丽乡村

乡风文明与乡村产业互为因果、相互促进。产业兴旺是乡风文明的物质前提，乡风文明既为产业兴旺提供保障，也是产业兴旺的重要资源。文明乡风赋予农业和农产品以乡村文化内涵，可以提高农产品文化品牌，实现农业、文化、旅游的融合，成为有效增加农民收入、实现农民生活富裕的重要途径。乡风文明与生态宜居的关系密切，生态宜居需要生态的生产方式与生活方式作保障，环境友好型的生产方式、低碳的生活方式以及生态信仰和习惯，都是实现生态宜居的重要条件。文明乡风与乡村治理的关系更为密切，有效的乡村治理，是建设文明乡风的过程。充分利用文明乡风中的优秀传统文化，如家风、家训、村规民约、道德示范等，有助于构建自治、法治、德治的治理体系，提高乡村治理的有效性。乡风文明建设渗透到乡村建设的各个方面，对建设产业兴旺、生态宜居、治理有效、生活富裕的乡村产生重要影响，不仅是乡村振兴战略的重要组成部分，也是乡村振兴的重要保障。

2017年12月，习近平在江苏徐州考察时指出："实施乡村振兴战略要物质文明和精神文明一起抓，特别要注重提升农民精神风貌。"只有乡风文明了，广大农民的生活才能更加稳定、和谐、幸福。因此，必须重视乡风文明建设，采取多种方式和方法引导、教育农民，使农民逐步形成良好的生活、行为习惯和蓬勃的精神风貌，营造出友善互助的和睦村风，让文明乡风助力乡村振兴。

六、乡风文明是满足农民对美好生活向往的需要，在新时代具有全新的内涵

随着我国社会主要矛盾的转化，党和国家对乡村建设的要求更高，人民对美丽乡村建设充满期望。乡村乡风文明不仅反映农民对美好生活的需要，也是实现"两个一百年"和实现中华民族伟大复兴的中国梦的重要条件。2017年1月，中共中央办公厅、国务院办公厅印发《关于实施中华优秀传统文化传承发展工程的意见》，为传承发展中华优秀传统文化提供了科学的理论指

第一章 乡风文明建设概述

南和切实可行的实践举措。该意见指出,做好创造性转化和创新性发展:一是要坚持辩证唯物主义和历史唯物主义,秉持客观、科学、礼敬的态度,取其精华、去其糟粕,扬弃继承、转化创新;二是要在传承发展中古为今用,不简单否定,不断赋予新的时代内涵和现代表达形式,不断补充、拓展、完善,使中华民族最基本的文化基因与当代文化相适应、与现代社会相协调,这是实践准则;三是要在传承发展中推陈出新,使其实现创造性转化、创新性发展,这是终极目标。

1. 新时代的乡风文明是传统与现代的融合

我们不仅要传承优秀的家风、村风,继承和发扬尊老爱幼、邻里互助、诚实守信等优秀传统文化,也要体现"五位一体"和五大发展理念等新的内容。党的十八大以来,习近平总书记多次强调,要传承和弘扬中华优秀传统文化。他说:"坚定文化自信,就是要努力从中华民族世世代代形成和积累的优秀传统文化中汲取营养和智慧。"党中央高度重视中华优秀传统文化保护传承工作,进一步加强对文化遗产的保护,清理家底。统计数据表明,我国现有不可移动文化遗产76万多处,可移动文物4000多万件,非物质文化遗产项目近56万项。中央财政每年投入80多亿元对国宝级文物进行保护。为了吸引观众亲近优秀传统文化,截至2016年年底,全国2115家博物馆、347个全国爱国主义教育示范基地及43510个公共图书馆、美术馆、文化馆(站)实现了免费开放。近几年,电视台等媒体播放的《中国汉字听写大会》《中国诗词大会》《见字如面》《朗读者》等文化类节目,《记住乡愁》《我在故宫修文物》《指尖上的传承》等纪录片,得到观众的喜爱,重新点燃了观众对传统文化的回望与守护。《关于实施中华优秀传统文化传承发展工程的意见》,从顶层设计的高度要求做好创造性转化和创新性发展。如何让中华优秀传统文化薪火相传,具有现代性,不断赋予时代价值?习近平总书记给

出了答案:"让收藏在博物馆里的文物、陈列在广阔大地上的遗产、书写在古籍里的文字都活起来。"《国家宝藏》这档节目是中央电视台在2017年第四季度重磅推出的一档大型文博探索节目。立足于中华文化宝库资源,通过对一件件文物的梳理与总结,演绎文物背后的故事与历史,让更多的观众走进博物馆,在懂得如何欣赏文物之美的同时,也了解文物所承载的文明和中华文化延续的精神内核,唤起大众对文物保护、文明守护的重视。除此之外,《国家宝藏》还通过邀请有影响力的公众人物,作为"国宝守护人"讲述文物背后的故事,通过电视化语言的呈现让文物"活"起来,使文物不仅是一件博物馆中的陈列品,更是能够让观众感受到"生命"的文化传奇。当前,根据传统文化改编的电影和动漫作品、具有中国风的流行音乐、植入传统国画元素的时尚衍生品,正在以创新的形式焕发新的活力。这类以传统文化为底蕴的创意与现实文化相融通,正在努力实现传统文化的创造性转化和创新性发展。

2. 新时代的乡风文明要实现乡村文化与城市文化的融合

我们不仅要体现传统民俗、风俗等乡村文化,也要让农民在村庄享受到现代城市文明。随着社会的进步和经济的发展,城市文化在整个文化体系中越来越处于主导状态,接纳、融合而博采众长、高效快捷,对社会行为的调控带有明显的优势性。乡村文化封闭、固化的特性以及不合时宜的认识、不易更改的习惯影响了乡村发展,在城乡一体化进程中表现出明显的自信不足,乡村文化需要文化重构来适应时代的发展潮流。乡村文化需要吸收城市文化的特质,才能增加活力。当然,乡村文化建设不是全面城市化,也不只是丰富传统的农业文化。在新农村文化建设中,我们既要保持乡村文化特色,使乡村文化不断演进;又要借鉴、吸收、同化外来文化、城市文化,使乡村文化在冲突与整合、保持与变迁中不断获得新质,实现发展与创新、演进与嬗变,对建设

第一章 乡风文明建设概述

社会主义新农村产生重要影响。

明月村,距离成都市区 90 千米,历史上是隋唐茶马古道和南方丝绸之路上的叛宁驿站。人们日出而作,日落而息,采茶、制陶,民风淳朴。明月村既是一个自然形成的古老村庄,也是一个经过科学规划、悉心打理的文创新乡村:在 6.78 千米^2 的诗意田园,既保留了一贯的魏晋风度,又划分为文化中心、林盘民居创客院落、陶艺手工艺文创区、谌螃螃瓦窑山村民创业区、茶山竹海松林保护区等。与一些地方单纯吸引艺术家入驻不同,明月村引进的文创项目必须要跟当地的农业、手工业相结合,明月村整体计划是引进成型项目 40 个左右,目前已经引进 36 个项目,其中,已经有 20 多个项目带动了当地村民的创业、就业。此外,明月村正在建立一个智慧旅游平台,艺术家的展示和交易、村民的创业项目、旅游预订系统等都接入这个平台。在这里,新村民与老村民和谐共融,当地村支"两委"和项目组共同定期举办农民夜校和明月讲堂。比如,"夏寂书苑"专注社区营造和自然教育的研究与实践,自 2016 年进入明月村后,不定期地与书馆合办"明月村自然课堂""乐毛的家在明月村"系列讲座、绘本工作坊、情意自然分享会等教学活动,带着村民和孩子们穿行村中,了解村庄的发展,进一步认识家乡,了解日本、韩国、英国、德国的乡村建设。2013 年项目启动,短短几年间,在一群城市文化人和艺术家以"新村民"的身份参与下,通过以艺术文创为载体进行整体乡村营造,目前已经逐步将文创产业、农业产业和旅居产业相串联,逐步形成了和谐共享的美丽乡村共同体。明月村如今已发生了凤凰涅槃般的嬗变,摇身一变,成为陶艺艺术气息浓郁的国际村——明月国际陶艺村(图 1-3)。值得一提的是,明月村在经济快速发展的同时,不仅保持了农民固有的淳朴本性,同时还不断提升了他们的素养。明月村实现了乡村文化与城市文化的融合,可以说是一个艺术乡村的营造典型。

图1-3 明月国际陶艺村

3. 新时代的文明乡风建设要体现中国文化与世界文化的融合

党的十八大以来,中华文化影响力不断扩大。截至2016年年底,全球已有140个国家和地区建立了512所孔子学院和1073个中小学孔子课堂。中国国际广播电台每天24小时用64种语言向全球播放,许多人把它视作自己的朋友。"欢乐春节""中国文化年(节)"等各种文化品牌活动遍及全球。按照文化部《"一带一路"文化发展行动计划(2016—2020年)》,到2020年,要实现与"一带一路"沿线国家和地区文化交流规模达3万人次、1000家中外文化机构、200名专家和100项大型文化年(节、周、日)活动。随着国家文化软实力的不断增强,中国文化会走得更远,我们有足够的文化自信。中国乡村是文化宝库,蕴含着丰富的生态文明理念,乡村文化自信是中华文化自信的重要体现。中国文化走进世界舞台的例子有:陕西省户县东韩村距西安市30千米,是一个具有鲜明特色文化的村落,曾被西安市旅游局授予"东韩农民画庄"的荣誉称号,保留了国家非物质文化遗产"农民画"(图1-4)。户县农民画诞生于20世纪50年代,在陕西的剪纸、壁画、年画、刺绣等汉族民间艺术的基础上演变而来,详尽而生动地记录了农村生产劳动的壮观场面和热烈活泼的节庆场景。从20世纪70年代开始,不断地提高、创新、升华、成熟,逐步走出户县,走向全国,走向世界,被视为中国农村文化建设的典型。

图1-4　户县农民画

2016年7月1日,习近平总书记在庆祝中国共产党成立95周年大会上强调:"在5000多年文明发展中孕育的中华优秀传统文化,在党和人民伟大斗争中孕育的革命文化和社会主义先进文化,积淀着中华民族最深层的精神追求,代表着中华民族独特的精神标识。我们要弘扬社会主义核心价值观,弘扬以爱国主义为核心的民族精神和以改革创新为核心的时代精神,不断增强全党全国各族人民的精神力量。"我们相信,中国的乡风文明建设在吸纳世界文明成果的同时,也必将为世界文明提供中国智慧,作出中国贡献。

第二章 新农村乡风文明建设实践

第一节 新农村乡风文明建设的历程

"新农村",或"新村",不是一个新名词。新村,使我们想起共产主义运动的来源之一——空想社会主义者的新村试验活动。比如,在马克思之前的莫尔、欧文、傅立叶等,出于消灭阶级、消灭工农城乡和脑力体力劳动的差别,曾先后发起了以农村为基地的城乡一体、工农结合的新村运动。因为以农村为核心,故称新村运动。虽然说是新村运动,其实是人类理想社会建立的尝试。由于过于超前而失败,但为我们刻画了美好的前景。

新农村,也是新中国成立后使用很广的一个名词,我们把新社会的农村称为社会主义新农村,这一名词一直沿用了50多年。尤其在"四清运动"和"文化大革命"时期,这个词的使用频率极高。它其实一直有两层含义。一是我们的现实。我们把新中国成立后的农村区别于以前的农村,自豪地称我们的农村已经是社会主义新农村了。二是我们的理想。我们的农村总是不够新的,所以,在不同的时期我们都会提出同样的目标,建设一个新农村。但什么是新农村、新在哪里,又总是年年变换、年年出新的。

其实,回顾一下世界各国的农村发展史就会看到,各国都曾出现过建设新农村的运动,尤其在欧洲。早在20世纪50年代初期,由于战后工业复兴和高速发展,欧洲各国农村和城市的差距

第二章 新农村乡风文明建设实践

日益扩大,引起了社会的不安,于是各国政府先后制定了新的农业法,着手解决城乡矛盾。最早的是瑞士的《农业法》(1951),接着有德国的《农业法》(1955)、荷兰的《促进农渔业产品产销及适当价格的形成和维护农渔业产品消费者利益的新法案》(1957)、法国的《关于农业发展方向的法律》(1960)。这些法律的一个核心,就是正视各国经济发展中的工农和城乡的差别,根据公平、正义的原则和人权、人道的精神,以法律的形式规定今后农村发展、建设的准则和目标,这个准则和目标日后也就成了一切新农村建设运动的原理,也就是一切新农村的本质含义。那么,它是什么呢?它就是使农业经营者和农业工资劳动者获得与其他职业的就业者同等的经济收入。

日本造村运动始于20世纪70年代末,其主要做法包括培育各具优势的产业基地、增加产品的附加值、促进产品的生产流通、开展多元化的农民教育、创设合理的融资制度、促进农村文化建设等。经过20多年的发展,造村运动取得了巨大的成效,其主要表现在:基本消灭了城乡差别,增加了农民收入,刺激了农村多元化的消费,运动的内容由农业扩展到整个生活层面,运动的地域也由农村延伸到城市。

20世纪60年代,韩国在推进工业化、城市化和现代化进程中,工农业发展、城乡发展和地区发展出现严重失衡,"三农"问题异常突出。为此,韩国政府大刀阔斧地组织实施了"新村运动"。通过"新村运动",韩国仅用30年的时间就走完了西方国家近百年才完成的工业化道路,从此步入了农业现代化和农村城市化的发展轨道,其经济建设成就被世人誉为"汉江奇迹"。相形之下,我国的工业化、城市化和现代化建设面临的诸多问题与当时韩国所遇到的社会问题别无二致。因此,韩国"新村运动"的发起历程、主要内容以及经验教训等无疑为我国建设社会主义新农村提供了一些有益的启示。

改革开放以来,随着我国国民经济持续快速发展,人民生活水平不断提高。2005年,总体上达到小康水平,经济社会发展态势良好。但仍存在农民人均纯收入增长远远落后于城市人均可支配收入增长,以及农村文化、科技、教育、卫生、体育等事业远远落后于城市等问题。鉴于此,党的十六大明确提出了解决"三农"问题,必须统筹城乡经济社会发展。党的十六届三中全会通过的《中共中央关于完善社会主义市场经济体制若干问题的决定》中首次提出了坚持以人为本,全面、协调、可持续的科学发展观,并将之具体化为"五个统筹",并将"统筹城乡发展"放在"五个统筹"之首。这标志着协调城乡间的发展得到了党和政府的高度重视。在党的十六届四中全会上,胡锦涛指出:"纵观一些工业化国家发展的历程,在工业化初始阶段,农业支持工业、为工业提供积累是带有普遍性的趋向;但在工业化达到相当程度以后,工业反哺农业、城市支持农村,实现工业与农业、城市与农村协调发展,也是带有普遍性的趋向。"

"两个趋向"的重要论断是对工业化国家发展经验的精辟概括,也从全局和战略高度提出了新阶段解决我国"三农"问题的指导思想,为我国在新形势下形成工业反哺农业、城市支持农村的机制定下了基调。党的十六届五中全会通过的《中共中央关于制定国民经济和社会发展第十一个五年规划的建议》提出了建设社会主义新农村总要求:"生产发展、生活宽裕、乡风文明、村容整洁、管理民主",第一次提出"乡风文明"这一概念。从社会主义新农村建设的基本内涵来看,"生产发展"是建设新农村的物质条件;"生活宽裕"是建设新农村的具体体现;"乡风文明"的主旨就是要在农村形成文明健康的精神风貌;"村容整洁"是建设新农村的环境要求;"管理民主"是建设新农村的体制保障。它们相互联系、相互制约,共同构成了社会主义新农村建设的有机整体。因此,社会主义新农村建设体现了经济建设、

第二章 新农村乡风文明建设实践

政治建设、文化建设、社会建设"四位一体"的要求,是一个综合概念。乡风文明是建设社会主义新农村的一个不可或缺的组成部分。

2005年12月31日,中共中央、国务院颁布了《关于推进社会主义新农村建设的若干意见》,进一步强调:"倡导健康文明新风尚。大力弘扬以爱国主义为核心的民族精神和以改革创新为核心的时代精神,激发农民群众发扬艰苦奋斗、自力更生的传统美德,为建设社会主义新农村提供强大的精神动力和思想保证。加强思想政治工作,深入开展农村形势和政策教育,认真实施公民道德建设工程,积极推动群众性精神文明创建活动,开展和谐家庭、和谐村组、和谐村镇创建活动。引导农民崇尚科学,抵制迷信,移风易俗,破除陋习,树立先进的思想观念和良好的道德风尚,提倡科学健康的生活方式,在农村形成文明向上的社会风貌。"这就为社会主义新农村中的乡风文明建设确定了指导思想,进一步细化了乡风文明建设的内容,使新农村乡风文明建设更具体、更具有可操作性。

党的十七大报告提出:"要坚持为人民服务、为社会主义服务的方向和百花齐放、百家争鸣的方针,贴近实际、贴近生活、贴近群众,始终把社会效益放在首位,做到经济效益与社会效益相统一。创作更多反映人民主体地位和现实生活、群众喜闻乐见的优秀精神文化产品。深化文化体制改革,完善扶持公益性文化事业、发展文化产业、鼓励文化创新的政策,营造有利于出精品、出人才、出效益的环境。坚持把发展公益性文化事业作为保障人民基本文化权益的主要途径,加大投入力度,加强社区和乡村文化设施建设。"这对乡风文明建设开展文化活动提出了具体要求。党的十七届三中全会还指出,"坚持用社会主义先进文化占领农村阵地,满足农民日益增长的精神文化需求,提高农民思想道德素质。扎实开展社会主义核心价值体系建设,坚持用中国特色社会主义理论体系武装农村党员、教育农民群众，引导农民牢固树立爱国主义、集体主义、社会主义思想"，"广泛开展文明村镇、文明集市、文明户、志愿服务等群众性精神文明创建活动，倡导农民崇尚科学、诚信守法、抵制迷信、移风易俗，遵守公民基本道德规范，养成健康文明生活方式，形成男女平等、尊老爱幼、邻里和睦、勤劳致富、扶贫济困的社会风尚。"这对乡风文明建设提出了更具体的要求，尤其是"扶贫济困"的提出，体现了科学发展观指导下农村经济社会发展"以人为本"的核心，是乡风文明建设中蕴含的对人的精神要求的提升。

党的十八大报告提出，努力建设美丽中国。美丽乡村是美丽中国的重要内容，中国要美，农村必须美。建设美丽乡村，不仅是富裕和洁净，乡风文明、邻里和谐、彬彬有礼，才是宜居乡村。党的十八大以来，习近平总书记多次强调"美丽乡村"建设的重要思想。从发展实际观察，农业是"四化"同步发展的"短板"，农村是城乡经济体系的薄弱环节，农业农村发展是全面建成小康社会的重点和难点。2016年，虽然我国农民收入从1978年的134元增长到12363元，但城乡居民收入差距仍然较大，收入比仍高达2.72∶1，加快提高农村居民收入，尤其是实现4300多万农村贫困人口真脱贫、脱真贫，仍然是一项艰巨的任务。党的十九大报告提出了实施乡村振兴战略的总要求，是新时期做好"三农"工作的重要遵循。乡村振兴战略的实施，体现了党中央始终把解决好"三农"问题作为全党工作的重中之重，必将为我国农业农村的发展注入强大的动力。

习近平总书记在十九大报告中强调："文化是一个国家、一个民族的灵魂。文化兴国运兴，文化强民族强。没有高度的文化自信，没有文化的繁荣兴盛，就没有中华民族伟大复兴。"农村是我国传统文明的发源地，乡土文化的根不能断，城乡融合的核心是城市和乡村文化共存共荣，是对乡村价值的充分肯定与认同。实施乡村振兴战略,需要一大批具有乡土情怀和充满文化自信的新村民,建设一个精神焕发的乡村。在这方面,传统村落保护、特色文化传承等是乡村文化建设的生动资源和潜力空间,要不断地去挖掘与丰富、传承与创新,让乡村文化"活"起来。实施乡村振兴战略,给村民带来的应不仅仅是资金、信息和先进的发展理念,生产能力和生活消费水平的提升,更重要的是对乡村文化的自信和精神面貌的改变。经济发展不再是"独角戏",农业也不再是简单的"种"和"养",而被赋予了生态、休闲、文化传承等更多功能和期待。在乡村这个大舞台上,开展播种收割、拓展训练、稻田酒店、主题民宿、乡间民谣、民俗传承等活动,可为"众创"活动提供广阔的创作创新空间,形成以地域文化与特色产业为支撑的文化业态。把乡风文明建设作为建设社会主义新农村和乡村振兴战略的一项重要内容,深刻反映了中国共产党在着力推进农村经济社会发展过程中对农村文化方面发展的高度重视。

第二节 新农村乡风文明建设的主要内容

党的十六届五中全会提出的社会主义新农村建设的总体要求和党的十九大提出的乡村振兴战略的总体要求,都从五个方面清晰地勾画了社会主义新农村的美好前景和实现途径。我们党和政府在新农村建设中一如既往地既注重农村经济社会发展,又注重农村政治文明建设、精神文明建设、生态文明建设。乡风文明建设的内容包括文化、风俗、法制、社会治安等诸多方面。乡风文明其本质是农村精神文明建设的问题;其核心是推动和引导广大农民树立适应建设社会主义新农村的思想理念和文明意识,养成科学文明的生活方式,提高农民的整体素质,培养造就有文化、懂技术、会经营的新型农民;其目标是在农村营造生机勃勃、富于创造、勇于进取的思想文化环境，营造科学健康、文明向上的社会风貌，为农村社会的发展提供思想保证、精神动力、智力支持和文化支撑。乡风文明是美丽乡村建设的重要内容，能否建设好社会主义新农村，能否全面建成小康社会，乡风文明建设具有举足轻重的作用。

乡风文明的总体要求，就是要大力发展教育、文化、卫生和体育等各项社会事业，不断提高农民群众的思想、文化、道德水平，重建农村精神家园，丰富农村文化生活，形成崇尚文明、崇尚科学、健康向上的社会风气。

努力提高农民的素质，培养"四有"新型农民是乡风文明建设的根本任务。党的十五届三中全会《中共中央关于农业和农村工作若干重大问题的决定》指出："农村精神文明建设的根本任务，是全面提高农民的思想道德素质和科学文化素质，为农村经济社会发展提供强大的精神动力、智力支持和思想保证。"乡风文明建设主要包括农村思想道德建设和农村科学教育文化建设。它具体表现为农民在思想观念、道德规范、知识水平、素质修养、行为方式以及人与人、人与社会、人与自然的关系等方面继承和发扬民族文化的优良传统，摒弃传统文化中的消极落后因素，适应当今经济社会发展并不断有所创新，形成积极、健康、向上的文化内涵、社会风气和精神面貌。只有农民的整体素质提高了，才能自觉地参与社会主义新农村建设，坚定地执行党的路线、方针、政策，巩固党的执政基础。要抓好党的基本路线、方针、政策教育和爱国主义、集体主义和社会主义教育，转变农民思想观念，增强自立意识、竞争意识、效率意识和民主法制意识，为社会多作贡献。要对群众进行以"富强、民主、和谐、自由、平等、公正、法治、爱国、敬业、诚信、友善"为内容的社会主义核心价值观教育，进行社会公德、职业道德和家庭美德教育，培养农民遵纪守法、文明礼貌、热心公益、助人为乐的社公德意识，逐步形成和谐融洽的人际关系、良好有序的社会秩序和健康文明的社会风气。

乡风文明建设具有综合性与发展性特点。乡风文明的综合性特点，首先，表现为内容上的综合，既有物质文明，也有精神文明，涉及诸如生产方式、生活习惯、民间信仰、制度乃至涵盖婚丧嫁娶在内的生活方式等方面。其次，乡风文明建设表现在途径和方法上的综合，这些方法与途径包括宣传、教育、示范、规范建设、政策引导以及乡村建筑格局、公共空间、公共服务、组织制度、乡规民约等都是影响乡风文明建设的重要因素。乡风文明建设在于营造一个乡风文明存在传承和不断发扬光大的空间。在这个空间环境下，农业生产经验与技术交流、熟人社会的交往规则、节日民俗庆典的仪式象征作用、地方性知识的无可替代、民间传统手工艺的技艺和经验、现代生活理念和科学技术的应用等，都在村落这个空间下得以生存和发展，并使乡村社会的价值观念系统得以维系。乡风文明还必须尊重其发展性特点，社会发展了，环境变化了，乡风文明建设要不断满足人民日益增长的对美好生活的需要，内容与形式也必然会与时俱进。因此，乡风文明是一个由诸多要素构成的完整有机体系，乡风文明建设是一项复杂系统工程，决定了乡风文明建设的长期性、复杂性和艰巨性。只有把乡风文明建设融入乡村建设的各个方面，乡村振兴才能获得事半功倍的效果。

2017年6月24—25日，中宣部、中央文明办在山东省淄博市召开全国农村精神文明建设工作经验交流会。会议要求，在新的形势下，加强农村精神文明建设，要牢牢把握培育和践行社会主义核心价值观这个根本任务，以美丽乡村建设为主题，深化文明村镇创建活动，培养新型农民、建设文明乡风，以精神文明建设的新成就扮靓美丽乡村。这为进一步加强农村精神文明建设指明了正确方向，提供了现实路径。

值得注意的是，在乡风文明建设中，要充分认识乡村的价值。乡村具有城市不可替代的价值，这些价值表现在生产、生态、生活、社会、文化与教育等各个方面。乡村生产包括农业生产、庭院经济、乡村手工业和乡村休闲、旅游业等，是实现产业融合最有效的平台。乡村具有十分典型的尊重自然、顺应自然和巧妙利用自然的特征。城市生态环境问题的愈演愈烈更凸显出乡村生态价值的重要性。田园风光、诗意山水、与自然生命和谐相处的乡村生活，越来越成为一种稀缺资源。有机生活的兴起、低碳生活、慢生活理念的传播以及人们对健康新理念的追求，都要求人们重新认识乡村生活特点，在城乡互动中，帮助人们打造积极、文明、和谐、健康的生活方式。

乡风文明建设要充分认识乡村作为文化载体的重要性。乡村作为文化载体体现在乡村形态、民居格局、标志建筑、风俗习惯、制度安排、民间信仰等诸多方面，而且形成了乡村文化的有机整体和乡风文明体系，乡村文化不仅表现在山水风情自成一体、特色院落、村落、农田相得益彰，形成的独特村落田园综合体，更主要地表现在乡村所具有的信仰、道德、习俗，村落所形成的品质和性格。乡风文明建设要在尊重原有乡村文化体系的基础上吸纳现代文化，而不是离开原有文化基础另搞一套，更不能以破坏乡村文化载体为代价。

第三节 新农村乡风文明建设的成效

农业强不强、农村美不美、农民富不富，决定着亿万农民的获得感和幸福感，决定着我国全面小康社会的成色和社会主义现代化的质量。如期实现第一个百年奋斗目标并向第二个百年奋斗目标迈进，最艰巨最繁重的任务在农村，最广泛最深厚的基础在农村，最大的潜力和后劲也在农村。

乡风文明是建设社会主义新农村的灵魂，内容包括文化、风俗、法制、社会治安等诸多方面。能否建设好社会主义新农村，乡风文明建设具有举足轻重的作用。自2005年拉开新农村建设的序幕以来，在乡风文明建设方面做了大量工作，取得了很大的成效，农村的面貌发生了可喜的变化。

一是农村公共文化设施的建设得到加强。在新农村建设中，各级政府投资逐年递增，农村地区基础设施日趋完善。国家统计局公布的数据显示，2013—2015年，全国农、林、牧、渔业新建固定资产投资额（不含农户）增长了76.3%。交通运输部公布的数据显示，党的十八大以来，全国新改建农村公路98.2万千米；2013—2016年，新增406个乡镇和5.96万个建制村通硬化路，全国乡镇、建制村通硬化路率分别达到99.0%和96.7%。在国家政策的大力支持下，各地区对于农村公共文化建设的资金投入不断增加。部分农村在进行创新型农村公共文化发展过程中不仅有政府的财政支持，还通过招商引资拓展了资金的渠道，发展了特色产业，完善了农村公共文化设施建设。目前看来，大多数的新农村建设都集中在乡镇文化站、农村图书馆、农村文化活动室等地方，并且取得了良好的效果。

二是开展多种形式的文明创建活动，涌现出一批具有示范作用的文明新村、文明农户、文明家庭。四川宜宾筠连县农村精神文明建设成效显著，被中宣部、中央文明办肯定为"筠连模式"并予推广。党的十八大以来，筠连县以培育和践行社会主义核心价值观为根本，以幸福美丽新村建设为主题，紧紧围绕"决战脱贫攻坚，决胜全面小康"战略目标，立足农村精神文明建设"735"工程（7个阵地、3支队伍和5项活动）。出台了《筠连县文明创建活动管理办法》《筠连县公民道德建设管理办法》《关于开展"道德讲堂"活动的意见》《筠连县乡村（城市）学校少年宫考核细则（试行）》，把文化阵地建设作为"美丽乡村"和精神文明建设的硬任务考核,进一步加大投入,加快建设,补齐"短板";深入开展文明城市、文明乡镇、文明村、文明单位、文明社区、文明家庭、文明校园及"生态美、村容美、庭院美、乡风美、生活美"创建活动(图2-1);在培育和践行社会主义核心价值观过程中,组建新乡贤队伍243支,发挥文乡贤、德乡贤的示范和引领作用。坚持统筹城乡、以城带乡,着力"养成好习惯、形成好风气",扎实推进城乡文明一体化建设,不断提高城乡居民文明素质,形成了良好的社会风尚。

图2-1 美丽村貌

三是农村地区公共文化内容不断丰富,群众精神文化生活更加充实。农村的公共文化包含着民俗风情、传统工艺制作、特色小吃及农产品等多方面的内容,是我国文化资源不可或缺的一部分,体现着中华民族特有的传统文化。农村公共文化发展促进农民解放思想,他们将本地特色的文化与旅游业相结合,形成了具有地方特色的旅游文化产业。伴着自驾游的兴起,农村旅游文化成为热点。乡村旅游产业拥有优美的自然风光和地方特色文化吸引了大批游客,乡村旅游文化的不断发展推动了农村经济发展,不仅增加了农民的收入,并且促进了城市文化与乡村文化之间的交流，打破了城乡之间的壁垒，缩小了城乡文化差异，促进了文化融合。

此外，乡村优秀传统文化进一步得到保护和传承，特色文化资源被深入挖掘，活跃了农村文化生活，农村地区群众精神文化生活更加充实。2012年以来，全国有272个地级市、43个民族的4153个有重要保护价值的村落被列入中国传统村落名录，大批国家级非物质文化遗产得到保护和传承。此外，乡镇文化站群众业余文艺团体数量迅速增加。

四是农村生态环境治理成效显著。文明不文明，首先看环境。生态环境治理是美丽乡村建设的重中之重。近年来，开展以治"五乱"、刹"三风"为主要内容的文明创建活动效果显著，柴草乱放、粪土乱堆、垃圾乱倒、污水乱泼、畜禽乱跑"五乱"现象问题得到有效改观。以村庄绿化、村容整洁为主要特征的农村人居环境改善工作快速推进。2016年，全国农村生活垃圾处理率达到60%，预计2020年可以达到90%。以广西壮族自治区为例，截至2016年，全区"美丽广西·清洁乡村"项目已经实现全覆盖，农村生活垃圾收集处理率达93.2%，主要河流水质达标率为94.4%，农业清洁生产技术推广程度达到50%以上。

长期以来，农村精神文明建设坚持以培育和践行社会主义核心价值观为根本，以文明村镇创建为载体，以"乡风民风美起来、人居环境美起来、文化生活美起来"为目标，不断推动农村从"一处美"向"一片美"、从"环境美"向"生活美"、从"外在美"向"内涵美"进发，营造了一个生气勃勃、富于创造、勇于进取的思想文化环境和科学健康、文明向上的社会风貌，为农村经济社会发展提供了强有力的思想保证、精神动力、智力支持和文化支撑。

第三章 加强农民道德规范

第一节 遵守社会公德

一、社会公德的含义

社会公德是社会生活中最简单、最起码、最普通的行为准则,是维持社会公共生活正常、有序、健康进行的最基本条件。因此,社会公德是全体公民在社会交往和公共生活中应该遵循的行为准则,也是作为公民应有的品德操守。从大的范畴来讲,它主要包括两个方面的内容:一方面是在事关重大的社会关系、社会活动中,应当遵守的由国家提倡的道德规范;另一方面是在人们日常的公共活动中,应当遵守、维护的公共利益、公共秩序、公共安全、公共卫生等守则。《公民道德建设实施纲要》用"文明礼貌、助人为乐、爱护公物、保护环境、遵纪守法"20个字(图3-1),对社会公德的主要内容和要求做出了明确规定。

1. 助人为乐

助人为乐是当一个人身处困境时,大家乐于相助,给予热情和真诚的帮助与关怀。人类社会应当是一个人与人之间相互扶持的社会,因为,任何一个社会成员都不能孤立地生存。一个人要做到"万事不求人""处处皆英雄"是不可能的。生活在社会中,"如果你向别人伸出一千次手,就会有一千只手来帮助你","助人"本身也是"助己"。

图 3-1 社会公德

2. 遵纪守法

遵纪守法就是要增强法制意识，维护宪法和法律权威，学法、知法、用法，执行法规、法令和各项行政规章；就是要遵守公民守则、乡规民约和有关制度；就是要见义勇为，敢于同违法犯罪行为做斗争。

3. 文明礼貌

文明礼貌是人与人之间团结友爱和情感沟通的桥梁，表现为人们之间交往的一种和悦的语气、亲切的称呼、诚挚的态度，更表现为谈吐文明、举止端庄等。这些虽为日常小事，但对建设和谐友爱的新农村起着重要作用。正所谓"良言一句三冬暖，恶语伤人六月寒"。当然，文明礼貌也是一个历史的范畴，随着时代和条件的变化而不断更新。

4. 保护环境

农村区域占我国国土面积的绝大部分，农村环境的维护和保持是我国环境保护的重要内容。总体上而言,农村环境保护可以分成生活环境和农业生产环境两个部分。生活环境的保护涉及人居和家居环境的改善,以及生活区环境卫生的维护,主要靠人们良好的生活习惯和生活垃圾的妥善处理来维持。农业生产环境主要涉及农业耕地质量和农用水源质量的保护,而耕地和水源质量的好坏和农业生产作业过程有着密切的联系,特别是农药、化肥、除草剂等的过量施用需要引起农户特别的关注。在经济发展过程中不仅要"金山银山",还要"绿水青山",树立"保护环境,人人有责"的观念,努力养成有利于环境保护的生活习惯、行为方式,提高科学的农事作业的技能。

5. 爱护公物

公共财物包括一切公共场所的设施,它们是提高人民生活水平,使大家享有各种服务和便利的物质保证。爱护公物主要表现为:一是要做到公私分明,不占用公家财物,不化为私有;二要爱护公共设施,使其能够为更多的人服务;三要敢于同侵占、损害、破坏公共财物的行为做斗争。

在我国,爱祖国、爱人民、爱劳动、爱科学、爱社会主义,是基本的社会公德。我国宪法还明确规定,遵守社会公德是一切公民的义务,违反社会公德,情节轻微的要进行批评教育,严重的如破坏公共秩序、扰乱社会治安的要绳之以法。

二、农村社会公德教育的途径与措施

公德教育是一项长期重要的任务,是家庭、学校和社会的共同职责。家庭教育是公德教育的启蒙教育,对人们的公德意识的形成具有启蒙和奠基作用;学校教育是公德教育的正规教育,对人们公德意识的形成具有关键和指导作用;社会教育是公德教育的持续教育,对人们公德意识的形成具有巩固、强化、监督、校正作用。可见,家庭、学校、社会是对公民进行社会公德教育的主要途径。因此，家庭、学校、社会必须进一步提高认识，明确自己在公德教育中不可推卸的责任，认真履行各自的社会职责，齐抓共管、相互配合，才能把公德教育落在实处，将社会公德建设推进到新境界。

如果说家庭、学校、社会是进行农民社会道德教育的相互联系、逐层提升的3个平台和途径，那么，在一定意义上说，农村就是对农民进行综合性教育的剧院和阵地，其集中了家庭、学校（多为小学）和社会教育的多种功能和途径，要发挥农村的这种综合教育功能，采取多方面措施加强农民的社会公德教育。

第二节　提升政治法律素质

一、新型职业农民应具备的政治素质

所谓政治素质，一般是指对我国的民族、阶级、政党、国家、政权、社会制度和国际关系具有的正确的认识、立场、态度、情感以及与此相适应的行为习惯。包括政治主体关于政治的观念、知识、能力和技巧四个方面。政治观念是对参与政治的目的、责任以及参与者的基本权利的看法；政治知识是对现行的政治制度和参与政治的程度等的了解程度；政治能力是指政治参与者做出政治选择和判断以及表达自己政治意见的能力；政治技巧是处理特殊政治问题的策略、方法和灵活性。

新型职业农民应具备以下几个方面的政治素质。

1. 较强的政治意识

政治意识作为政治领域的精神现象，是政治生活和政治活动的心理反应，是人们在特定的社会条件下形成的政治态度、政治情怀、政治认识、政治习惯和政治价值的复合存在形式，它构成政治系统的基础和环境，是政治的隐性结构。政治意识作为隐藏

在人们政治行为背后的无形的精神力量，无时无刻不在影响着人们的政治判断和政治决策。新型职业农民应具有较强的政治参与意识，即以主人翁的姿态，通过各种合法方式参与国家的政治生活和农村的各项社会事务，并能在各项活动中较准确地分辨是非，不盲目听从他人的鼓动，有自己的政治见解。新型农民还要有鲜明的民主权利意识，懂得如何运用自己的民主权利，把农村的基层民主建设好。

2. 充分的政治知识

历史上，中国农民与政治基本上是无缘的。新中国成立后，国家通过一系列政策、制度和法规大幅度提高了农民的社会地位。在党和政府的关心和重视下，农民的主人翁责任感大大增强。他们积极响应和支持党和政府的方针政策，关心国家大事，参与民主管理活动，政治法律素质有了明显提高。但是我们也必须清醒地认识到，就总体而言，中国农民的政治知识比较缺乏。新农村建设要求广大村民必须熟知我国现行的政治制度和政治体制；了解党在农村的各项方针政策，并能做出自己的理解和评价；了解有关村民自治制度的具体内容，以便能积极参与村民自治的实践；了解自己所拥有的政治权利、应承担的政治责任，以及通过何种方式和渠道参政议政等，以便更好地参与农村的政治生活。

3. 较强的政治参与能力

政治参与是公民自愿通过各种合法方式参与国家政治生活的行为（图3-2），其行为特点带有自愿性和选择性。建设新农村，需要全体村民发挥自己的聪明才智，积极投身于各种政治活动中，凭借自己所掌握的政治知识对村里的大小事务做出及时、准确的判断和选择，并通过适当的形式将自己的政治意愿和要求清楚地表达出来，表明自己的政治立场，亮明自己的政治观点，为村庄的政治发展尽力。

图 3-2　村委会选举投票

4. 合理地表达政治诉求

农村政治事务无论大小，都涉及每一位农民的切身利益，不可避免地会与他人或乡镇政府发生这样那样的矛盾冲突。当自己的政治权益受到不法侵害时，应运用适当的方法和技巧，将矛盾化解在萌芽状态，达成自己的政治诉求。而事实上，发生在农村的很多不愉快事情，如村民选举中的贿选、拉帮结派、群体冲击乡镇政府等，大多是由于农民处理政治事务的方法过于简单，才使矛盾激化，导致局面难以收拾。

二、新型农民应具备的法律素质

法律素质是指公民在法律知识、法律意识和依法办事能力等方面的综合状态。新型农民的法律素质同公民法律素质一样也是一个内涵极其丰富的概念，具体包括以下三个方面。

1. 法律知识

法律知识是人们在社会实践中所获得的对法律的认识和经验的总称。法律知识是人类对法律现象和规律不断探索的结果，它包括法的基本理论、规范、制度、渊源、历史发展、思想沿革和实践经验总结等多方面的知识。

法律知识可以分为一般法律知识和专业法律知识。前者是指作为一个公民应具备的法律常识，如宪法规定的公民的基本权利和义务；后者是指从事某种职业所应具备的专业法律知识。

法律知识是法律意识形成的基础，对法律知识的掌握和进一步理解便形成一定的法律观点，法律知识还可以转变为深刻而可靠的法律信念、法律思想，形成法律意识。

2. 法律意识

法律意识也称法律观，是人们关于法律的情感、信念、观点和思想等的总称。法律意识是一种观念的法律文化，对法的制定实施非常重要。它表现为探索法律现象的各种法律学说，对现行法律的评价和解释，人们的法律动机，对自己权利、义务的认识，对法、法律制度了解、掌握、运用的程度，以及对行为是否合法的评价等。

法律意识是社会意识的一种。法律意识属于历史范畴，具有明显的阶级性和政治性。法律意识也属于法律文化范畴，是人类法律实践活动的精神成果，包含人类在认识法律现象方面的世界观、方法论、思维方式、观念模式、情感、思想和期望，蕴涵个人及群体的法律认知、法律情感、法律评价。法律意识不是自发形成的，是人们在社会生活学习和自觉培养的结果，也是法律文化传统潜移默化的影响的结果。

我国是一个农业大国，农村人口占总人口的50%以上，他们的法律意识得不到提高，其他人和法律工作者的法律意识提得再高也不能根本提升我国的法治水平。依法治国的关键在于形成一个良好的法治环境，而一个良好的法治环境的基础少不了生活在其中的民众具备一定程度的法律意识，这是基础中的基础。目前我国农民的法律意识还普遍比较薄弱，依法治国要取得进一步的成就，必须加强农民的法律意识建设。

3. 依法办事的能力

依法办事的能力是指农民所具有的运用法律来规范和指导单位或个人的行为，解决矛盾和冲突，维护合法权益，追究违法行为的法律责任的能力。依法办事是人类政治文明和社会进步的基本标志，是与时俱进、创新发展的客观趋势，是贯彻依法治国方略的具体举措。

加强法律学习，严格执法实践。学法知法懂法，是提高依法办事能力的基础和前提，每个农民都必须加强法律知识的学习，深刻理解法治精神，从法理上把握法律规定，做到知法、懂法。要把宪法作为一门必修课，通过学习，掌握我国法律体系的总纲，理解我国法律的基本原则和精髓。同时，要结合各自的工作，学习通晓一些履行职责所必需的法律法规，提高法律素养。要在系统学习的基础上，通过严格的技法实践，提高依法办事的能力与自觉性。要切实加强实际运用和实践锻炼，把学到的法律知识转化为规范和指导工作的实际能力，转化为维护公民和法人合法权益的实际能力。

总之，农民的法律素质是农民掌握法律知识、增强法律意识、遵守法律规范和运用法律能力的高度统一和综合体现。

三、提高农民政治法律素质的途径

1. 加强农村思想政治建设，提高农民的政治觉悟

加强农村思想政治工作的核心是引导和教育农民，激发他们的积极性和创造精神，培养有理想、有道德、有文化、有纪律的社会主义新型农民。党的农村政策是党的理论和路线的具体体

现,代表党对农业、农村和农民问题的主张,是党对农村工作规律性的总结,也是农民利益的集中体现。把农村政策落实好,是保证农村改革和发展顺利进行的关键,也是农村思想政治教育的基本内容。加强对农民的政策宣传,把政策完整地交给群众,关键是抓好地方基层干部。只有基层干部深入透彻地理解好政策,才能做好向农民宣传教育的工作,让党的政策深入民心,把广大农民的积极性、主动性、创造性最大限度地调动起来。重视对农民进行国内外时事政治教育,加强农民的国情教育,联系农村改革与发展的实际,激发农民发扬艰苦奋斗、开拓进取的精神,引导农民发扬顾全大局、互助友爱和扶贫济困的精神。正确处理国家、集体、个人三者之间的利益关系,自觉履行对国家、集体应尽的义务。

2. 增强农民的法制观念,开展法制宣传教育

人民群众的法律水准是一个社会文明进步、和谐稳定的基础。要针对当前的实际情况进行普法宣传,增强人们的法制观念,使干部懂得依法行政、依法办事,使农民懂得公民应有的权利和义务,了解与自己生产有关的法律、法规,达到遵纪守法。根据农民的实际文化水平,充分运用广播、电视、报纸等新闻媒体和农民群众喜闻乐见的文艺宣传形式,对农民进行广泛、深入、持久的民主知识、法律知识的宣传、教育和灌输,逐步增强干部群众的民主法律意识。

通过对农民进行以宪法、村民委员会组织法、农业法、婚姻法、土地管理法等和农民生产生活密切相关的法律知识的宣传,使抽象、枯燥的民主理论、法律知识形象化、具体化为广大农民群众易于接受的形式,从而有效地传递给农民,营造出一种良好的民主法律文化氛围,使农民在这种氛围中轻松、自然地接受民主知识和法律知识的熏陶和教化。长期坚持下去,必然有助于农民政治法律意识的形成和增强。通过法制教育,使农民真正成为

知法、懂法和守法的社会主义新型农民。

3. 加大执法力度，净化社会风气

社会稳定是农村改革和发展的前提。根据历史经验，法治工作搞得好的地方，农村社会稳定、经济发展、社会繁荣。

一些贫困的农民法治意识淡薄的一个原因是司法成本太高。他们无法通过法律维权。当他们的合法利益受到侵害时，往往面临着两种选择：一是牺牲自身的一些利益和对方私了。这种行为可能助长违法者对法律威严的蔑视，继续做出对他人和社会有害的事情。二是要面临高昂的法律维权成本。在权衡之下，假如当事人认为法律维权的成本大于收益很可能就放弃维权。这就需要政府成立专门的机构为贫困农民提供法律援助，这样既维护了农民的利益，也维护了社会的正义。

要联系农村实际，围绕党的中心工作，分类指导，把教育与实践结合起来，推动依法专项治理工作，村干部要带头学法、守法、秉公执法，增强法制宣传和执法力度，整治农村社会治安，为农民群众提供一个安居乐业的生活环境。因为社会治安还存在不少问题，偷盗、抢劫严重干扰了农民群众的生产和生活。必须加大农村社会综合治理的力度，严厉打击各种刑事犯罪活动。在兴文化、正风气、抓法制、定规范上下工夫，通过制定并严格实行村规民约等有效形式，逐步改进村风、民风，提高农民的道德水平。

4. 完善村民自治制度，推动农民民主素养和政治参与能力的提高

通过完善村民自治的自治功能和民主机制，推动和引导农民大量、有效、经常地参与民主选举、民主决策、民主管理、民主监督，在具体的民主参与活动中培养农民的民主意识和民主素质。

要进一步完善村民自治制度。村民自治是广大农民实现当家

做主、表达和维护自身利益的一条基本渠道和途径。因此,要协调好村党支部、村民委员会、农民三者之间的关系;健全村民委员会制度和选举制度;要完善村民代表大会制度和村民大会制度,使村民能够通过制度化的渠道参与本村政务,真正体现"民主自治"的原则。

要完善农村人民代表大会制度和选举制度,尊重并保障农民充分行使选举权利,保证农民选出自己的代表。加强人大代表同农民群众的联系,基层人大代表要及时反映农民的要求和愿望,并积极接受农民监督。农村地方党组织要充分发挥政治核心作用,充分尊重并支持人大的工作,保证农村基层政权在党组织的领导下独立地开展工作,推动农村社会的进步发展。

第三节 恪守农业职业道德

市场经济是以商品交换为核心的经济形态。人们既是生产者又是消费者,任何人都无法生产出自家所需要的所有产品,都要通过交易行为取得生产和生活必需品。在农产品中,食品是人们不可缺少的生活必需品,关系到亿万人的健康和幸福。因此,对农民朋友来说,遵守职业道德很重要。

一、农业生产中的道德现象

当前大多数人对于农产品质量安全问题的研究大都集中在制度、法律、技术等领域,但是从职业道德这个角度去对农产品质量安全问题的研究则相对较少。对于职业道德而言,其在整个社会道德体系中占有重要的地位,不仅是社会道德原则和道德要求在职业领域的具体化,还在职业活动有序进行的过程中发挥着重要作用。而农民职业道德是农民履行社会分工所给予社会职能的活动中,及在履行本职工作的活动中,所应该遵循的行为规范和准则。一旦农民职业道德出现失调,那么将产生一系列不利的连锁效应。

1. **农产品生产中化学化工品滥用使消费者的身体健康受损**

纵观近年来发生的农产品质量安全问题,可以发现我国的瓜果蔬菜中农药残留、牲畜养殖抗生素滥用、粮食类种植过程中过量使用化肥等现象已十分突出。而导致这些农产品质量安全问题的产生,正是由于有些人道德败坏引起的。农产品生产者不懂得农民职业道德规范,会产生严重的农产品质量安全问题。

由于化学化工品的滥用,也造成了诸多骇人听闻的事件,如苏丹红鸭蛋、孔雀绿鱼虾、含有4-氯苯氧乙酸钠的无根豆芽、甲醛蔬菜保鲜等(图3-3)。这些农产品质量安全事件的发生,看似是在农产品生产活动中滥用化学化工品引起的,其实不然,真正的原因是农民职业道德严重失调,势必会对消费者的最基本的人身权益造成严重伤害。

图3-3　农产品质量安全事件

2. 违背规律、急功近利进行生产导致农产品质量的低劣

按照规律办事,尊重自然规律是农民职业道德对于在农产品生产活动中的农民的客观要求。

伴随着农民职业道德失调的发生,违背规律、急功近利地进行农产品的生产就成为了影响农产品质量安全的一个重要因素,并且这种现象也呈现出了越发严重的趋势。原本对于施用了农药的瓜果蔬菜,应该要使其放置到一定的时间段才能够上市销售,但是在面对激烈的市场经济竞争的时代里,在失去农民职业道德调节的背景下,农民会毫不犹豫地选择眼前既得的利益,不会等着打过农药的瓜果蔬菜过休药期便采摘上市销售。而这样不按照规律办事,急功近利的做法只能给农产品的质量安全埋下深深的隐患。当前,我国已经是世界上化肥使用量最大的国家,"尽管耕地面积还不到全世界总量的10%",但是,我国的"化肥使用量却接近世界的1/3"。并且"我国80%的农户习惯凭传统经验施肥,不考虑各种肥料特性,盲目采用'以水冲肥''一炮轰'等简单的施肥方法。"由于在小面积内过量使用单一化肥,致使在养分不能够很好地为农作物吸收的同时,还造成了"部分地块的有害重金属含量和有害病菌量超标,导致土壤性状恶化,作物体内部分物质转化合成受阻",使生产出来的农产品质量安全得不到任何的保证。因此,一旦农民职业道德失调后,农民就不再按职业道德的规范进行农产品的生产活动,而是出现违背规律、急于求成地进行生产,这样生产出来的农产品质量显然非常低劣,而消费者食用后必然会对身体健康造成损害。

3. 使农产品质量安全问题越发严重化、普遍化

我国当前的"农产品质量安全问题已成为危及民生、阻碍农业发展、影响农民增收的重大问题。"通过对农产品中农药残留的调查研究可以发现,"不少地方使用国家明令规定的禁用高剧毒农药问题突出,即使在国内农产品农药残留量低的地区,超标

率也有5%，严重时更多。"而在"对浙江省的142份各类蔬菜进行抽检，农药残留超标率很严重"。这与"农民打过农药的蔬菜未过休药期即采摘上市销售"的行为有很大关联。其实，不单是农产品中的高农药残留现象严重，其他农产品的质量安全问题也依旧突出，如在农产品生长期大量使用激素、在猪饲料中违规添加"瘦肉精"等。如果农民职业道德不能够很好地对其在农产品生产中的行为进行约束，不能够发挥其重要的效能，那么，农民就有可能为了既得利益，在思想上更加完全摆脱农民职业道德的束缚，在行为上更加"大胆"。这只能是让农产品质量安全问题更为严重化，久而久之，农产品质量安全问题的严重性就会显得越发普遍，甚至很可能会达到频发且难以解决的地步。

二、农民职业道德失调的原因

1. 部分农民失信会扰乱社会秩序

诚信，对于推动整个社会的发展起着无可替代的作用，是维系人与人关系，促进人与人共同发展的重要基础，也是社会主义职业道德的基本要求。尤其是对于农产品生产主体——农民来说，提供质量安全的有保证的农产品是农民对整个社会最为基本的信用，也是职业道德的重要要求。但是由农民职业道德失调引发的农民失信违约的现象却相当普遍，据调查表明，农户在"农产品销售契约违约率高达80%"。而这些违约现象的发生，一个最为重要的原因就是，农户生产的农产品质量根本达不到合同的标准要求。在市场经济高度发达的今天，很多农民会因为眼前利益而敢于去失信，如果"守信就意味着失利，失信就意味着获利"的话，那么就会造成"劣币驱逐良币"的现象，严重地损害了社会的信誉。并且失信违约普遍会在一定程度上扰乱了社会的合理秩序，加剧了全社会对农产品质量安全的担忧，最终还会引起对于行业整体的质疑，使其深陷严重的信任危机之中。

2. 农民普遍不重视科学文化学习

认真地学习科学文化知识也是农民职业道德对于农民的规范的重要要求。然而，在商务部的一份调查报告中显示，"大部分农民不知国家明令禁止使用的农药和兽药目录"，有"近50%的农民在使用农药和兽药时"，没有认真学习、了解相关药用的详细方法，完全就是凭着感觉使用，甚至"一药多用现象相当普遍"。大量的研究发现，产生农产品质量安全问题的一个重要原因就是农民对于科学文化知识的无知。即轻视科学文化的学习，对新的科学技术的错误性使用造成的农产品质量安全问题。

3. 一些农民利己思想盛行

"奉献社会，服务群众"一贯都是职业道德最基本的要求，但是在农民职业道德失调后，农民在农产品生产活动过程中表现出的"昧着良心"为己谋利的现象却越发地盛行，通过对农户使用农药情况的调查分析可发现，大多数的农户在选择农药的时候往往会使用高毒农药，认为"与普通农药相比，高毒农药价格更便宜且药效显著"。然而，有些农户自己食用的根本不是这些打了农药的出售的瓜果蔬菜，他们只吃种在自家另一片地里的没有施用农药的瓜果蔬菜。所以，职业道德失调引发的诸如实利主义、利己主义等专门利己不利他人的思想，已经在一些人脑海中盛行，并且这种利己不利人的行为"都是不同程度地以损害人民的社会利益来满足个人利益和目的"的。

4. 农业生产中违法行为严重

农民职业道德对于农民规范的一个较为重要的内容就是：遵纪守法，但是当农民职业道德失调以后，农民可能会因为既得利益的驱动，不再顾及职业道德的要求规范，恶意采取如违规使用添加物质、标识欺诈、制假售假等手段造成如违禁农药残留等食品安全问题。在对陕西渭南农药市场的一项调查报告中显示，当地的农户经常大批量购买和使用国家明令禁止使用的高毒农药。

而发生在山东潍坊的"毒姜"事件,又一次引发了全民对于蔬菜安全问题的担忧,且这次姜农使用的正是国家明令禁止的剧毒农药——"神农丹",只需50毫克足以令人死亡(图3-4)。农民不顾法律的明令禁止,违法进行农产品生产活动,带来不仅是严重的农产品质量安全问题,也是对消费者的人身权益无情的践踏。

图3-4 "毒姜"事件

自化肥和农药在中国普遍应用后,彻底颠覆了农民的耕种方式,日出而作、日落而息似乎不再是一种必然。除草剂在解放人的双手上起到了非常大的作用,尽管它同时会作用于儿童的神经系统,引起智力障碍,但其带来的好处却让农民们无法抗拒,意味着每天至少可以省下1/3的时间干与农业无关的事情,因为消除杂草是田间最辛苦的劳动。

当人们将这些所谓"神奇发明"用在农产品上,并使产量提升到前所未有的高度时,人们却完全忘记当初为什么要高产了。农民的收入一点都不比以前更高,人们的健康却受到极大的威胁,还产生了土地退化、水资源枯竭、生态链断裂、重度污染等许许多多环境问题。

生态农业不是单纯的"有机种植",它更注重与自然的协调适应和真正的可持续性。也许有一天,我们可以不再为吃不到安全食物而忧心忡忡,不必为发臭的土地和河水而烦恼,无需为怎样选择农药而绞尽脑汁,因为自然之物,自有自然的解决之道。

三、恪守职业道德,做合格新型职业农民

1. 提高自身的科学文化素质

在调查中发现,"我国农民初中、小学文化程度占70%以上,高中文化不到18%。"农民的文化素质普遍不高,这在一定程度上妨碍了自身对于职业道德理想信念的认识与接受,也使得他们容易受到外界利益因素的诱惑而完全不顾职业道德的约束。而在对农民进行科学文化教育时,不仅要"以市场为导向,面向市场开展教与学,还要把市场中的先进理念、先进技术引进来,尽可能发挥市场这只'看不见的手'的作用"。只有提高农民的科学文化素质,才能为农民职业道德教育打下坚实基础,进而为农产品质量安全问题解决提供重要保障。

2. 加强农民的职业道德教育

农民的职业道德教育是提高农民职业道德水平的重要途径,也是保证农民职业道德的调节正常发挥其功效的重要手段。当然,加强农民的职业道德教育,就是加深农民对职业道德的认识,并提高农民的职业道德意识,使其深深扎根在农民的心中,为防止农民职业道德的失调提供保障。与此同时,"应该长期地

耐心地教育他们，帮助他们摆脱背上的包袱，与自己的缺点错误作斗争，使他们能够大踏步地前进"。这就能够在农民心中树立"一杆秤"，使得农民在面对既得利益与大是大非时能够做出正确的选择，并在一定程度上促进了农产品质量安全问题的解决。

3. 树立道德榜样

道德榜样的树立就相当于在农民面前摆放了"一面镜子"，不仅"照出"了农民自身的不足，还可以对着"镜子"梳理自己。而道德榜样无穷的力量无疑是防止农民职业道德失调的重要策略，也为农产品的安全生产起到了"保驾护航"的功效。然而，道德榜样的选择应该既是生产中的能手，又是职业道德素养较高的农民。因为，在市场经济高度发达的今天，农民对于经济利益的获得会更加地看重。如果忽略在农产品生产活动中的才能，选择的仅是职业道德方面突出的人才，那么这样选出来的道德榜样就不可能起到标杆的重要作用，恰恰相反的是，农民还可能会对这样的道德榜样加以藐视。

4. 建立有效的奖惩制度

以农民职业道德规范为主要执行的依据建立起来的奖惩制度一定程度上保证了农民职业道德功能的正常运行，也有效地防止农民职业道德失调的发生（图3-5）。并把农民职业道德这只对农民进行约束和规范的"看不见的手"转化成为了以白纸黑字的形式出现，对农民进行约束和规范的"看得见的手"。既有了制度这只强有力的手对农民在农产品生产活动中的行为进行规范，又有了农民职业道德这只隐性力量的调控，双管齐下，共同作用，必定会把农民的职业道德水平提高到一个新的境界，且进一步保障了农产品质量安全。

农民职业道德失调带来的一系列问题，尤其是对于农产品质量安全的影响值得我们深思，只有提高新型职业农民的职业道德，才能为解决农产品质量安全问题，乃至为食品安全问题的解

图 3-5 颁发荣誉证书

决提供强有力的支撑。

5. 增强社会意识，倡导道德农业

道德农业，就是农业的道德化，就是指用道德原则来指导和把握农业生产过程中的一切活动。具体来说就是，一方面，农业生产中人与自然的关系应道德化，应体现自然的道德要求；另一方面，人与人的关系也应道德化，应以道德作为农业生产中调节人与人关系的主要手段。道德农业的提出符合农业发展的新趋势，体现了农业发展的新境界。积极发挥人的主观能动性，促使农业向道德农业发展，符合人类社会的根本利益。

（1）道德农业体现了农业发展的一种新境界

从主客体二者关系的角度看，农业发展的第一阶段是依附阶段，即主体处于被动依附地位。人对自然的把握能力十分有限，人只能被动地适应自然，做自然的"附庸"，所以，这个阶段的农业体现的是一种"依附"境界。农业发展的第二阶段是征服阶段，即主体依据工业文明提供的强大支撑力，对自然实施了大规模的改造和利用，其目的就是要最大限度地为我所用。在这个阶段，农业中的主客体关系实质是主体欲高高凌驾于客体之上，所以，这个阶段农业所体现出的境界可以看成是一种征服境界。但是，严酷的现实促使人们进行不断的反省，农业中的主客体关系应进入到一种新境界：主客体关系必须和谐统一。而这种和谐境界对人类的根本要求是自觉，但自觉的核心和实质是道德自觉，所以，发展道德农业，也就成为农业走入新境界的一种自然选择。

（2）发展道德农业在中国更具深远意义

在我国，农业虽有很大发展，但农业的生态环境却日益恶化，所以，改变传统农业生产方式中对生态的"不道德"状况，发展道德农业，已迫在眉睫。众所周知，农业生态系统要靠自然生态系统提供稳定的气候条件、优质的土地、充足的水分、丰富的养分以及抑制病虫害、防止旱涝灾害、维持农业正常运行和提供更新换代的种质资源。但问题是，在我国，传统的垦耕式农业，虽源于自然生态系统，依靠自然生态系统，也高于自然生态系统，但它的生产方式却是不利于生态的，即消除森林以开辟耕地，从根本上破坏了农业生产所依赖的自然保障；收获作物将营养物质移出生产系统之外又切断了农业生态系统良性循环的物流链环；施用农药又杀死了害虫的天敌，加剧了农业的病虫为害；大范围的植被破坏又引发水土流失，土壤荒漠化和盐碱化，使气候恶化，也削弱了农业的生产力，动摇了农业的基础。所以，树立新的农业发展理念，建立农业的生态道德观念，是中国农业发展的现实选择。

第四章 崇尚家庭美德

第一节 尊老爱幼的传统美德

尊老爱幼是我们中华民族的光荣传统。尊老爱幼,就是要像孟子所说的"老吾老,以及人之老;幼吾幼,以及人之幼"。也就是说要推己及人。中国农村有着尊老爱幼的光荣传统,新时期的农民更应传承和发扬这一传统美德(图4-1)。

图4-1 尊老爱幼文化墙

老人和儿童是社会中的弱势群体,他们或丧失了或还不具有与其他成年人平等竞争、参与社会的能力。在这种情况下,我们每一个社会公民都有责任和义务对他们多加照顾。尊敬老人,就等于尊敬我们自己;爱护儿童,就等于爱护我们自己。因为谁都

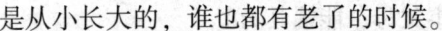

是从小长大的，谁也都有老了的时候。

尊老，其实就是要发扬传统的孝道思想。在中国传统的道德体系中，"孝"是一项十分重要的道德规范，具有特殊的地位和作用，"孝"被看做是做人的最基本的道德原则之一。一直到今天，"孝"仍然是中国社会最基本的道德规范之一。

中国最早的一部解释词义的著作《尔雅》，对于"孝"作出的定义是："善父母为孝。"基本与此同时，西汉贾谊在《新书》中也说："子爱利亲谓之孝。"可见，中国古代对于"孝"道的基本内容与要求是：热爱父母、善事父母。"孝"是人类血亲关系的反映。从人类社会发展史来看，"孝"产生于个体家庭经济关系下。只有在单独的家庭产生之后，夫妻及父母子女构成了独立的社会经济单位，彼此间形成了紧密的相互依存关系，于是父母才有了抚养子女的义务，相对子女才有了赡养父母的义务。这样，"孝"的道德规范才逐渐萌生。"孝"作为道德规范在商朝就已经出现了，进入周朝后，"孝"已经成为流行的道德规范。西周的"孝"，大致有以下三方面的内容：其一，对健在的父母的养；其二，是追"孝"于先人、先祖；其三，是"孝"于"宗室""大宗"。在这三者中，后两项是更主要的内容，因为周朝是一个宗族社会。

既然生我者、育我者都是父母，父母的养育之恩比天还高，终生难报，因此，从道德规范上来说，赡养父母就是子女义不容辞的义务、责任，这是"孝"道的首要要求（图4-2）。孟子所提出的"五不孝"，其中前三项就是"不顾父母之养"。由此可见，孟子也认为，"孝"道的第一位就是要"顾父母之养"。子女对于父母不仅要"能养"，而且要"善养"，尽力满足父母生活上的各种需要，使父母得以安乐、欢愉。这也就是《孝经》中所说的"养则致其乐"。古人并不要求贫贱者赡养父母也要达到富贵者的奉养水平，其基本的精神是要求子女应竭尽心力，也就是《论语》中所说的"事父母,能竭其力"。

图4-2 孝道

在春秋时将"孝"简单地理解为"能养",是比较普遍的。但是孔子认为,"能养"即赡养父母只是"孝"的起码要求,并不是"孝"的全部内容,更不是一个高标准的内容,孔子把"敬"引入"孝"中。在孔子看来,如果只是将"孝"理解为"能养",这简直就是把父母当做被饲养的犬马;只有做到"敬",才是人类特有的"孝"道。此后,孟子也认为:"孝子之至,莫大乎尊亲。"至此,尊敬父母成为"孝"的重要内容。

孝敬父母的原动力,是源于子女内心对父母的深爱,也正因为有了这种深爱,人才会自觉自愿地尽自己的一切力量赡养父母和尊敬父母。而其中,孔子认为,子女服侍父母,服劳、让食等是比较容易做到的,而难的是对父母经常保持愉悦的颜色,正所谓"色难"。中国古人还认为,对于父母的孝,做到始终如一、持久不衰是最难的。显然,只有心存深爱,对于父母的孝才能持久,做到"大孝终身慕父母"。"孝"道的前提和基础,是对父

第四章 崇尚家庭美德

母的爱心。所以要培养孝德,也应当从培养、增进对父母的爱心入手。

"孝"道的这些内容,在人类文明史上具有永恒的意义,直到今天仍然是中国社会大力提倡的道德规范之一。今天,随着物质生活水平的提高,老人最大的问题,也许不再是缺吃少穿了,而是精神上的空虚。一首《常回家看看》唱遍大江南北,呼唤的是儿女对父母,也是年轻人对长辈的尊敬孝顺。

爱幼,就是要爱护幼小,不要纵容,也不要专横。现在实行计划生育,家里的孩子比以前少了,人们的生活条件也好了,许多家庭出现了过于溺爱孩子的现象。孩子成为家里的"小皇帝",对孩子的无理要求一味地纵容迁就。这不是在爱孩子,而是在害孩子。这样的"爱护"不利于孩子人格的健康成长。爱幼,也不要专横。由于中国传统文化的影响,父母对于子女,年长者对于年轻者,容易独断专行、自以为是。一些年长者以为自己胡子长,懂的就多,说的就对,要年轻人绝对顺从,这也是不对的。现在社会发展了,知识更新加快了,"老皇历"不一定还奏效,应该相信真理,发扬民主,而不要"论资排辈"。不管老少,谁说的对就听谁的。老年人不能要求年轻人言听计从,年轻人则要多尊重老年人。

在我们中华民族这个大家庭里,流传着不少传统美德故事,这些故事激励着我们将之继续弘扬下去。有这样一则故事:古时候,有个少年叫原毂,祖父年老体衰,不能行动。原毂的父母很厌恶老人,便叫原毂悄悄地把祖父背到野外扔掉。原毂深知不应该这样做,但又无法违抗父母之命,就编了一只筐篓,把祖父背到僻静处安排妥当,然后背着空篓回来,一本正经地把筐篓收藏好。父母说:"这筐篓不吉利,收起来干什么?扔掉吧!"原毂说:"不能扔掉,将来你们老了,我也让我儿子用它来背你们,应该收藏好!"父母一听,茫然了半天才醒悟过来,忙将自己的父亲接回家来供养。这个故事，值得我们深思。我们每个人都有爷爷、奶奶、父母，做晚辈的一定要让他们老有所养、老有所安，这样，才不枉为中华民族的子孙。

一则故事讲述了一个小女孩照顾瘫痪养父，使养父重新站起来的事迹，让人深受感动，值得全社会大力弘扬。据说在广东省封开县的一个村子里有一个13岁的小女孩叫欧淑娟，当别的同龄孩子还在父母面前撒娇的时候，她却已经独立照顾瘫痪在床的养父6年多了。小淑娟用弱小稚嫩的身躯支撑着这个家，用一颗淳朴的心慰藉着长期卧床的养父。

小淑娟的养父欧少林50多岁，曾是一名军人，复员回乡后，经人介绍与陈仙妹结婚，夫妻相亲相爱，但一直没有生育。2008年，陈仙妹抱回一个未满月的弃婴。夫妻俩非常疼爱这个女婴，给她取名叫淑娟。淑娟刚满6岁时，陈仙妹不幸因病去世。第二年欧少林因脑中风下肢瘫痪，卧床不起。从此，刚满7岁的淑娟就肩负起照顾养父的重任。

每天凌晨，当人们还沉浸在梦乡之中时，小淑娟已经开始忙里忙外。6年多来，她家在村里总是第一个升起袅袅炊烟。她劈柴生火，一边熬中草药，一边将煮好的稀饭一勺勺喂给父亲吃，然后洗碗刷锅，洗衣扫地。早上7点钟，小淑娟骑上自行车，到3公里外的学校上课。淑娟勤奋好学，成绩一直很好。可惜由于营养不良，她的个子是全班最矮的。

欧少林瘫痪后，大小便不能自理，双手颤抖得厉害，言语不清。他觉得孩子一天天长大了，不能让她陪自己一生。一天晚上，他将淑娟叫到床前，眼含热泪、断断续续地把她的身世告诉了她："你的亲生父母住在白垢镇，你明天就去找他们……"淑娟听罢，震惊得一夜没有睡着觉，她实在想不到自己竟是领养的。

可是，第二天清晨，淑娟还跟往常一样，将热气腾腾的早餐端到父亲床前。她哽咽着对父亲说:"要不是您和阿娘把我抱回来养大,我早就没命了。这些年,你们待我跟亲生女儿一个样……"之后,不管欧少林怎么劝她,她就是不走。为了方便照顾养父,她还把自己的床移到父亲的房内,守护着他。淑娟的亲生父母打听到了女儿的消息,几次想领她回去,她都拒绝了。小淑娟的事迹在社会上引起了强烈反响,人们都为她的坚强、能干和孝顺而感动,纷纷捐款捐物帮助她。

以上两则故事中的主人公,弘扬了我国传统的孝道思想,值得我们好好学习。当前,在构建社会主义和谐社会和新农村建设中,我们更要弘扬中华民族的传统美德,树立讲文明、塑修养的新风尚,加强农村精神文明建设,提高农民道德素养。

第二节 相敬如宾的夫妻关系

男女平等的提出源于近代,相对于过去男权社会的专制独裁而提出。在过去的几千年中,尤其是宋代以后理学盛行,妇女在社会中仅仅是作为男人的附庸而存在。从汉代的犬儒所篡改的儒学中脱胎出来的"三从四德",规定了妇女对男人的从属地位,男人对妇女拥有绝对的支配权利。这种状态下,女人作为独立存在的人格遭受辱没。而事实上,"一阴一阳,谓之道"。天地间万物,都有阴阳属性,人类更是有性别差异。男女都是作为独立的个体出现和存在。每个人虽然性别不同,但是心灵却是独立存在的。相互之间的肉体,有一个相互占有的现象,但是人与人的心灵,却只能通过情感的调适而和谐共处。平等,也就是一种心灵上的独立存在。

男女的平等,并不是很多人所谈到的夫妻家庭生活中的做饭还是持家上谁干多谁干少的问题。共同的家庭生活,只要明白了男女平等的真正含义,而做到情感上的相互尊重,生活上的相互照顾，责任和义务上的相互分担，就能由平等而实现和谐。

每个人的心灵是完全自由的，夫妻之间的相互尊重（图4-3），在于情感上的包容。如果总以挑剔的眼光看待对方，就不会真正做到尊重。究其根源，这还是专制独霸的心理在作怪。妄想让对方的心灵依附于自己而存在，实现每个人心底隐藏的那种野心和占有欲。心地无私天地宽。人生的永恒价值，在于不断地在奉献中找到自己存在的意义。心灵的成长和独立存在，自我价值的实现，不在于通过对方而彰显自己，更不能要求对方按照自己的意愿去行为。

图4-3 相互尊重

平等中的"平"，表明了一种相同的属性和独立的行为；"等"，却表示一种相互的血肉联系和影响作用。"一阴一阳谓之道"，男女双方既相互独立，又相互作用。一方的前进，同样会影响另一方的进步，一方的倒退，同样会影响另一方产生堕落。心灵的和谐，在于共同承受前因的同时，共同编导两个人的未来人生。男女真正平等，就能够在家庭的和睦中实现社会的真正

第四章 崇尚家庭美德

和谐。

这就要求,我们无论是在社会生活、职业生活还是家庭生活中,都应平等相待。在家庭生活中夫妻要在权利和义务上平等、人格地位上平等,同时要平等地对待自己的子女。夫妻应相敬如宾、互敬互爱、互谅互让。当前在农村尤其要强调男女平等,不能打骂妻子,更不能见异思迁、喜新厌旧。夫妻之间能够走到一起也是一种缘分,相扶到老不容易,应该彼此珍惜。

我国古代有许多赞美夫妻相敬如宾的典故,"举案齐眉"便是其中最为著名的典故之一。东汉初年,扶风平陵(今陕西咸阳关北)有个隐士,姓梁,名鸿,字伯鸾。在他很小的时候,父母双亲就丢下这个孤零零的儿子离开了人世。从此,其家境日益败落,最后一贫如洗。但他的志趣却不同一般,极为清高。一次,他上山放猪,不小心失火烧了一家农舍。梁鸿以猪赔偿,主人嫌少。梁鸿说,我没有别的财产,只能以身相赔。他就到那家做活,没日没夜。远近邻居觉得那家主人做得过分了,都纷纷议论这件事。那家主人觉得众怒难犯,便要把猪还给梁鸿。梁鸿不要,空手回家了。梁鸿虽穷,却从不受人施舍。邻居见他孤苦伶仃,都很同情他。有时做好了饭菜请他去吃,他总是婉言谢绝。待人家灶火熄灭后,他再借灶起火,自己做饭。因为这样,再加上他聪颖过人,博学多识,所以很多人家向他提婚,但都被他一一婉拒了。

同县孟家,有个闺女叫孟光,长得又丑又胖,力气大得能举起石臼,平日衣着朴素,从不精心打扮,年纪到了30岁还不肯出嫁。父母催她,她却说:"只有梁鸿那样的人,我才肯嫁。"梁鸿听说了这件事,便娶她为妻。孟光嫁给了自己的意中人,心中欢喜,着绢衣、重施粉,想让梁鸿高兴。然而,过门七天,梁鸿竟一直不理她。孟光觉得很委屈,请求丈夫告诉她是什么原因。梁鸿说:"我的妻子,应该能与我一同隐居深山,过清苦的生活；而你穿得这样华丽，施粉涂脂，怎么合我的心意呢？"孟光听了，从此改穿朴素的布衣，再也不涂脂抹粉，只是辛勤地操持家务，精心侍候梁鸿。梁鸿高兴地说："这才像我的妻子啊！"于是，他们到霸陵山隐居起来。每天，男耕女织，闲下来的时候，就吟诗弹琴自乐，生活非常幸福。梁鸿很爱妻子，孟光也尊敬丈夫。互助互爱，彼此又极有礼貌，真可谓相敬如宾。据说，梁鸿每天劳动完毕，回到家里，孟光总是把饭和菜都准备好，摆在托盘里，双手捧着，举得齐自己的眉毛那样高，恭恭敬敬地送到梁鸿面前，梁鸿高高兴兴地接过来，于是两人就愉快地吃起来。

在国外也有许多赞美夫妻相敬如宾、恩恩爱爱的故事。在许德明编写的《国外农村道德生活面面观》一书中讲述了这样一个故事。在美国一个遥远的小山庄，有这么一对年轻的夫妻，丈夫的叫罗伯特，勇敢、英俊，村里的人都称他为"骏马"，妻子的叫艾丽斯，聪慧、机灵，经常穿一套浅绿色的衣裙，远远望去，像是春姑娘下凡。

他们结婚已两年，男的牧马，女的锄地、割草、料理家务，夫妻恩爱，生有一对儿女。第二次世界大战开始后，1942年，"骏马"入伍当兵，艾丽斯在家抚育两个幼小的孩子。罗伯特在部队上屡建战功，当上了军官，人们都崇敬他，但他从不居功自傲。他留恋自己的家乡和妻儿，经常向人们讲述他当年在农舍附近那个小教堂里与艾丽斯结婚时的情景：他深情地望着她，发誓要永远爱她，并与她长相厮守。终于，罗伯特可以实现他的诺言了，战争结束后，他回到了家乡，与妻子儿女幸福地生活在一起。

年复一年的家务琐事，牧马、喂鸡、扫地、送孩子上学、逛集市……他们总是亲密地在一起。乡亲们都羡慕他们是最幸福的一对。但是不幸的事情发生了，1972年，艾丽斯刚过完50岁生

第四章 崇尚家庭美德

日,就被诊断患了"早老性痴呆症",罗伯特一听到这个消息,几乎急晕过去。他带着妻子跑遍全国,找了一家又一家权威医院和几乎所有有名的神经科专家,但每次都绝望而归。艾丽斯的病情似江河日下,她找不到洗手间和厨房,洗衣做饭是怎么回事也记不清了。更糟糕的是,她开始不认识自己了,有时站在家里的梳妆镜子前,责问镜子里她那金发、棕栗色眼睛、气势汹汹的影像:"你是谁?你为什么老在家里监视我、嘲笑我?"

罗伯特每天晚上睡觉醒来,就伸手去摸摸她,听听她的呼吸和心跳是否正常,还要担心她的四肢痉挛是否还在连续发作,被子会不会蒙住鼻子和脸。有时她会紧紧抱住丈夫说:"我不要离开你。"她好像知道了些什么,又好像在害怕些什么。这时罗伯特总是说:"我们怎么会分开呢,我们是永远在一起的啊!"艾丽斯得到了安慰,又睡着了。后来艾丽斯只能在轮椅和病床上度过。有时她会怪叫,有时也会讲出一句句真情的话语,这是罗伯特最愉快的时候了。他知道,艾丽斯是爱他的,现在只不过是生病了。这种日子没过多久,艾丽斯的病情更是一发不可收拾了,她连丈夫罗伯特也不认识了,经常痴呆呆地盯住丈夫看,问:"你碰我的手干什么?"这可是罗伯特最痛苦的事了,她老是喃喃地对自己说:"我不会疯的,不会疯的。"

就这样,罗伯特每天精心看护着艾丽斯,已过古稀之年的罗伯特,每隔几天就要推着艾丽斯的轮椅到村舍边他们结婚的那个淡黄色的小教堂里,在那里回忆在牧师面前的誓言"无论贫穷潦倒,无论伤残病瘫,都长相厮守,至死不分离"。他为他恪守诺言而感到欣慰。邻居都劝他让艾丽斯住进疗养院,说:"她反正现在连你也不认识了。"医生也说:"如果你同意让艾丽斯住进疗养院,我会很快签字的。"罗伯特却平心静气地回答:"艾丽斯不认识我了。也许永远不再认识我了,但是,我认识她啊!"

当今,我国广大农村地区由于受传统思想影响较深,仍然存在着不重视女孩教育、重男轻女的旧观念,他们让男孩读书,女孩打工,认为女孩读书没用,重要的是能挣钱。这在我国一些落后偏僻的农村较为严重,认为姑娘迟早是别人家的人,所以就没必要让她们读书,更严重的是当生了很多女孩时就弃婴。例如《夫妻抛弃二胎女婴——留字条称因农村重男轻女》中讲述,2018年7月19日,一对30多岁的狠心父母竟然将一名尚未满月的女婴丢弃在西安城墙东南角环城公园烈日下。当记者赶到时,30多名行人站在一个花坛跟前,围着躺在石台阶上的婴儿看。孩子头戴点缀着绿色小花的白帽子,身上穿着一件乳白色连体衣,贴身穿着一件红色肚兜,连铺带盖着一个粉红色小毛巾被。孩子挥舞着四肢拼命哭喊着,小脸蛋被憋得紫红。孩子旁边放着一个黑色塑料袋,里面装着几件婴儿衣服、半袋奶粉、一个空奶瓶和一张纸条。纸条上写着,"农村重男轻女的现象依然存在,我们已经生了一个女孩,本想把这个女孩送人,却无法和收养孩子的人联系。在万般无奈的情况下,只好作出这样狠心的选择,希望好心人能够将这个孩子抚养成人。在此,我对收养孩子的人说声谢谢了!"后被闻讯赶来的民警和120急救人员送往医院,检查表明孩子身体状况正常。但在经济比较发达的地区,许多妇女在家人的理解和支持下,只要一个孩子,把主要精力投入到生产中,与丈夫并肩奋斗,不但使她们的素质得到了提高,也增强了家庭的致富能力,增进了夫妻感情,使家庭更加和睦。

当前,在新农村建设过程中,更应破除传统重男轻女的思想,树立在家庭生活中夫妻相敬如宾、男女平等的新思想,构建和谐家庭。

第三节　和睦相处的邻里关系

团结是社会关系的一种表现形式,是指人们在社会生活中为了集中力量实现共同理想或完成共同任务而联合或结合起来,互相帮助和互相支持。团结在社会生活中具有重要作用。俗话说得好:"人心齐,泰山移""众人一条心,黄土变成金"。只要大家同心同德,团结一致,就能够改天换地,移山倒海,使社会主义建设取得巨大成就。

一、坚持他人第一的原则

在处理邻里关系中应坚持他人第一的原则。俗话说:远亲不如近邻,同村就是亲人。如今,不少人都有这样的感觉:不缺吃,不缺穿,就缺少邻里好感情。相互很少往来,邻里之间的感情越来越淡,总觉得生活中少了一份情趣。其实,邻里和谐是人们共同关心、企盼的一件事。邻里和谐不仅会影响到居家生活环境,也是社会和谐与文明不可缺少的组成部分。邻里和睦,见面客客气气,有事相互帮忙,就能融洽相处、亲如一家,给人带来方便和快乐(图4-4)。相反,邻里感情冷淡、关系紧张,就会影响到自己的好心情,给生活和工作带来不利。而邻里之间如果因为各种各样的小事导致争吵甚至大打出手,这不仅与我们建设社会主义和谐社会的要求格格不入,更与我们中华民族的传统美德背道而驰。

处理好邻里关系,要发扬他人第一的风格。"敬人者,人恒敬之。"你尊敬别人,把别人放在第一位,别人也会尊敬你,把你放在第一位。假如只顾自己,不顾别人,为自己的方便而不顾别人的方便,为自己的利益而损害别人的利益,势必会遭到别人的批评和干涉。把他人放在第一位,就是要把方便让给别人,把困难留给自己。在邻居发生困难时,要主动伸出援助之手,在邻居有人生病时,要主动问候、探望,必要时帮助其去医院诊治;在邻居遭遇危难时,要见义勇为,挺身而出,勇敢地前往支援解救。在日常生活中自觉照顾左邻右舍。比如,要管好自家鸡鸭、

图 4-4 和睦邻里关系

牲畜,不要糟蹋邻居庄稼;田界路界,不要斤斤计较;在集镇、县城和住宅区里不要大声喧哗,录音机、电视机等电器的使用,应控制适当的时间和音量,不要开得震天响;夜深人静时不可以高声大嗓地打牌、打麻将或豪饮狂欢,惊扰四邻;楼上的住户走动或搬动家具要轻拿轻放,不可以将果皮纸屑、垃圾污水往楼下倒。家长要教育好自家的孩子,不要与邻居的孩子吵架,当孩子们之间吵架时,家长不可偏袒自己的孩子,更不可由此引发为两家之间的纷争。

邻里之间难免会有种种误会、纠葛,正确的处理方法是互谅互让,严于律己,宽以待人,各自多作自我批评。即使对方明显错了,也要"得理让三分"。当然,对那些不讲道理、胡搅蛮缠邻居的不合理的要求和做法,也不必无原则地迁就,可以摆事实、讲道理,使之分清是非,还可以通过双方都信任的中间人从中沟通,或通过村民委员会、派出所出面解决问题,防止感情冲动、矛盾升级、打架斗殴、结怨生仇。

第四章 崇尚家庭美德

《一瓢粪水伤了邻里和气》一文中讲述了这样一则故事。有两个农村妇女，一个年近花甲，另一个刚30岁出头，正当壮年，却齐齐走上公堂，口口声声要维护自己的名誉。事情是这样的：阿兰和阿姣都是广西柳城县古砦仫佬族乡的村民，两家房屋相邻，阿兰的房屋在前，阿姣的房屋在后，双方曾因通行通道问题发生过矛盾。据阿兰说，7月1日下午，阿姣突然趁其不备，用沼气水猛泼其头部，臭烘烘的粪水泼得阿兰满头都是。阿兰说，这次偷袭导致其人格受侮辱精神受损害。后来，当地派出所出面调解此事，却没有任何结果，阿兰为维护自己的合法权益，向法院起诉，请求阿姣作出书面赔礼道歉，并赔偿精神损失3000元。

阿姣则辩解说，当天的情况事出有因。据阿姣说，事发当天，她丈夫用小货车拉着砌围墙用的砖头，经过阿兰修的路时，阿兰站出来，不准其丈夫行车经过。阿姣的丈夫表示今后不再从此处运货经过，但是阿兰却张口骂人。随后，阿兰还拿着一把香，跑到阿姣的家门口烧香跪拜，装神弄鬼。当时，阿姣正好在挑沼气水淋菜，看到邻居如此乱来，气愤之下就舀起一勺沼气水泼淋那把香，却不小心溅到了阿兰头上，并非有意泼淋脏水。阿姣称阿兰被淋到粪水后，态度恶劣，不但把屎扣在自家门口，甚至同样用粪水泼淋其和丈夫。阿姣认为，阿兰的行为也侵害其与家人的人格尊严，反诉至法院，同样请求阿兰赔礼道歉，并赔偿精神损害抚慰金6000元。

面对双方各执一词，法院指出，当事双方没有正确处理好相邻关系，因通行通道发生矛盾，阿兰烧香咒阿姣，违反农村的公序良俗和社会道德，由此引起后者不满，进而用沼气水泼淋阿兰，阿兰对事情负有一定过错；阿姣的主观虽没有损害故意，客观已造成损害事实，应当承担侵害名誉权的责任，并酌情判赔1000元为宜。阿姣反诉称阿兰用粪水泼淋其夫妇，缺乏事实和证据，其诉讼请求法院不予支持。由此，柳城县法院一审判决阿姣向阿兰赔偿精神损害抚慰金1000元，同时驳回双方的其他诉讼请求。

"让他一尺又何妨"，有时往往是因为都不让而造成邻里关系紧张。邻里之间你帮我，我帮你，你让我，我让你，越帮越火热，越让越亲密，一个友善和睦的邻里环境便建立起来了。人们常说"邻里和气发大财"。

俗话说："邻居好、赛金宝。"农民发家致富，处好与邻居的关系，同样十分重要。其实，邻里之间本无大事，我为人人方可人人为我，大家时时处处有了这样的高姿态，何愁不能一门心思搞经营，和和气气发大财。

总之，"和谐邻里"是农村文明的一道美景，展现着一个村庄的精神风貌和农民素质。而营造与邻为德、与邻为善、与邻为亲、与邻为乐的邻里氛围，打造团结、互助、平安、文明、和谐的现代农村，更是构建和谐社会的重要内容。和谐的邻里关系需要整个社会的广泛参与，只有人人参与、人人奉献，积极营造和谐的氛围，才能让左邻右舍都成为快乐的一家人。

二、坚持集体主义原则

坚持集体主义原则就是一切为集体着想，不使集体利益受到损害。在社会主义条件下，强调集体就是强调国家的根本利益，人民的根本利益。毛泽东曾经在《论十大关系》中指出："我们历来的原则就是提倡顾全大局，互助互让。"在发展社会主义市场经济、建设有中国特色社会主义的新时期，在如何处理国家、集体、个人三者利益关系方面，我们常常会遇到集体利益与个人利益、长远利益与眼前利益、全局利益与局部利益的冲突与矛盾。对此，我们面临着一种道德选择，到底如何选择决定着我们的价值观。如果我们只是着眼于个人利益、盯着眼前利益、死守局部利益，就会在一定程度上损害集体利益，影响长远利益和全

第四章 崇尚家庭美德

局利益，最终也会使个人利益受到损害。因而，要坚持集体主义，一切以集体的利益为重，个人利益服从集体利益。"大河有水小河满，大河无水小河干。"说的就是这个道理。在个人利益与集体利益发生矛盾和冲突时，一定要无条件地服从集体利益，坚持反对个人主义、损人利己、损公肥私的观点和行为。

例如在许德明编写的《国外农村道德生活面面观》中讲述的日本吉野老人烧自家稻田的故事正好说明了吉野老人具有坚持集体利益至上的精神。据说日本有一个海边小村，村子前面是一望无际的大海，村后有一座小山，村里人大都住在山下。村民的屋子都建在海边，沿着海湾一直延伸着，只有太郎和爷爷吉野住在山顶。

一个秋天的早上，村里的人都穿上了节日的盛装，前往寺庙参加隆重的庆典活动，庆祝当年水稻丰收。祈祷来年收成会更好，村民们每年都要在开镰前举行这样的活动。虽然这天天气异常闷热，村民们还是兴高采烈地赶往寺庙，不一会儿，寺庙内就传出欢快的鼓声。太郎听到山下传来的鼓声，着急地催着爷爷快些出门，就在这时，脚下的大地颤抖了一下，过了一会儿，又颤抖了一下，之后就趋于平静，无声无息了。日本是地震多发地带，人们都习惯了，见多不怪，小地震都不当一回事。太郎又一次催爷爷快些出门，就在吉野老人跨出门槛准备关门时，他怔住了，他发现眼前的海水变黑了，远处的海岸线也变宽了，这是海啸的前兆！怎么办？这时再赶到山下通知大家已经来不及了。想了一下，吉野老人就返身回屋，点燃了一个火把，快步冲到自家的稻田旁，毅然点燃了成熟的水稻。顿时，稻田上空升起了一团浓烟。太郎在一旁看呆了，爷爷今天怎么了，难道突然疯了吗？要知道这即将收割的水稻可是一家人的命根子啊！明年一年的口粮就指望它了，爷爷为什么要烧自家的稻田？太郎拉着爷爷的手一边摇一边问，爷爷像是没有听见一样，只是呆呆地望着大火，一言不发。

不一会儿,村民们都赶来了。大伙有的挑着水桶,有的端着木盆,气喘吁吁地赶来救火,可是已经来不及了,大火将太郎家的稻田全都烧毁了,太郎在一边低声哭泣着。村长连声问爷爷:"为什么?为什么?"爷爷一言不发,默默地指向大海,村民们这时才发现,海水掀起了几丈高的大浪,正以排山倒海之势向村庄扑去,顷刻村庄被海水淹没了,房屋被海水卷走了,什么也没有留下……村民们惊呆了,这时他们才明白发生了什么事。全村人都朝吉野老人跪下了,感激他不惜烧毁自家的稻田,来救大家的性命。

当然,坚持集体主义,反对个人主义,并不是一概否认个人利益。我们一定要正确区分个人正当利益与个人主义的界限,划清集体主义与小团体主义的界限。坚持集体主义原则,就是要在国家、集体、个人三者利益兼顾的基础上,树立全局观念。众所周知,在兴建长江三峡工程的过程中,难度最大、最复杂的莫过于三峡库区的移民工作。据国家有关部门统计,移民量达几百万人之多。这几百万三峡人,虽然祖祖辈辈生活、居住在这一片热土上,但面对国家建设的需要,他们能顾全国家建设这个大局,毅然离开了自己心爱的家园,跋山涉水到另一个地方安家落户。这充分表现了三峡人民无私奉献、以自己的实际行动支持国家大型工程建设的高尚情操和以整体利益为重的宽阔胸怀。

三、坚持和睦相处的原则

在人际关系中应坚持和睦相处的原则。生活在现实中的每一个人,无论职务高低、知识多寡、贫富差距、身体强弱、年龄长幼、性别差异,在人格上都是平等的。因此,在人际交往中我们绝不能把自己高抬一寸,把别人低放一尺,有意与对方"横着一条沟,隔着一堵墙",给别人一种"拒人于千里之外"之感。如果在交际中出现以权压人、以势压人、以强凌弱,把自己看得高人一等,把别人看得一钱不值,那就根本不可能有人人平等,更不可能有和谐相处的人际关系。所以在人际交往中应人人平等、相互沟通、和睦相处,而不能搞帮派。由于农村人际关系多带有家族性特征,某一个姓往往在一个村、一个乡占了人口的多数,因此,在处理人际关系时,尤其要注意不能搞宗族帮派,不能讲家族的势力。例如,2003年除夕夜,海南省儋州市发生了一起持枪报复杀人案,无辜群众4死1伤。此案震惊了全省800多万人,人们不约而同地将目光聚焦在收缴"黑枪"上。在海南省儋州中北部地区一些农村,由于历史原因,宗派宗族观念根深蒂固,在一些不法分子的煽动和组织下,不少村庄以村落或姓氏为单位,共同筹集资金购买枪支弹药,并将拥有枪械多少和精良程度作为衡量一个村落、一个姓氏对外称雄争霸的标准。村民之间时常将个人的恩怨上升为宗族矛盾,大动干戈,引发一连串群体性涉枪事件。这些严重制约着农民道德素质的提高和农村精神文明建设。

革命导师马克思和恩格斯并无亲属关系,但他们为了实现共产主义这一共同理想,彼此真诚相待、互相帮助,建立起真挚而高尚的友谊,成为一对为无产阶级事业贡献了毕生精力的战友和同志。自从1844年马克思和恩格斯在巴黎认识以后,两位革命导师开始共同研究社会历史发展的规律,共同参加国际工人运动。他们在几十年里一直保持着同志情谊,终生在一起并肩战斗。他们的这种同志友谊,不只表现在他们为了无产阶级的根本利益彼此配合、共同战斗上,也表现在他们为了这种根本利益,不惜作出重大的个人牺牲帮助对方。马克思在思想上是富有者,在经济上却是贫困户,这位对资本主义经济有着透彻研究的伟大经济学家,本身一贫如洗,他的一生几乎是在贫困潦倒中度过的。马克思没有固定的工作,一家人的经济来源主要靠他极不稳定而又极其微薄的稿费收入,加之资产阶级对他的迫害和封锁,使饥饿和生存问题始终困扰着马克思一家,差不多把马克思置于死地。在颠沛流离的生活中,他常常囊空如洗,衣食无着,在困境的泥沼中挣扎。如果不是恩格斯在经济上长期无私的援助,马克思就无法从事领导国际无产阶级运动和专心理论创作。对于马克思的困境,恩格斯当做是自己的困难。马克思在从事《资本论》的写作时,由于经济上的贫困,使他几乎无法继续自己的研究。正是由于恩格斯的长期物质援助,才使马克思的研究得以进行。而为了在经济上长期支援马克思,具有高度创造能力的恩格斯,不得不减少自己的科学研究时间,去从事自己所讨厌的商业活动,以便用所得的钱财保证马克思及其家庭的生活。对马克思及其家人生活的关心,恩格斯更是无微不至。马克思的一生几经磨难,每当马克思受到了挫折和打击,思想感情有了悲痛和压抑,恩格斯总是想办法进行抚慰,他已成为马克思一家躲避生活风雨的港湾。恩格斯所作的自我牺牲,以及马克思接受这种帮助,都已不仅是个人之间的友谊,而是由于国际工人运动发展的需要。在这一点上,马克思和恩格斯的行动同样都表现出一种最高尚的精神。

孔融让梨的故事也不正好教导人们之间要团结友爱、和睦相处吗?孔融(153—208年),鲁国人(今山东曲阜),东汉末年著名的文学家,建安七子之一,他的文学创作深受魏文帝曹丕的推崇。据史书记载,孔融幼时不但非常聪明,而且还是一个注重兄弟之礼、互助友爱的典型。孔融4岁的时候,常常和哥哥一块吃梨。每次,孔融总是拿一个最小的梨。有一次,爸爸看见了,问道:"你为什么总是拿小的而不拿大的呢?"孔融说:"我是弟弟,年龄最小,应该吃小的,大的还是让给哥哥吃吧!"孔融小小年纪就懂得兄弟姐妹相互礼让、相互帮助、团结友爱的道理,使全家人都感到惊喜。从此,孔融让梨的故事也就流传千载,成为团结友爱的典范（图4-5）。

图4-5 孔融让梨

总之，一个人做点好事、善事并不难，难的是以人道之心、人文之情长时期地、持续地去关心、爱护弱者，在他们遇到困难的时候出手相援，尽心尽力，不图回报和名誉。这种中华民族的传统美德，值得我们在这个物欲横流的现时代特别需要珍惜、培育和保持。

第五章 丰富乡村文化

第一节 完善农村公共文化服务体系

虽然近年来党和政府采取了一系列政策和措施,推动农村公共文化服务体系建设,但由于长期以来城乡经济发展的不平衡,农村公共文化建设远远落后于城市,存在的主要问题有:一是农村文化设施陈旧,总量偏少;二是农村公共文化服务体系经费依然缺乏,投入不足;三是农村基层文化队伍基础薄弱,素质偏低。结合实情,建设农村公共文化服务体系应从以下几个方面开展。

一、加快文化基础设施建设

文化基础设施在农村文化建设中的作用不言而喻。要保证农村公共服务体系发挥足够的作用,必须加强基础文化设施建设的力度。县级图书馆、文化馆,乡镇文化站及村文化室是农村基层重要的文化设施网络和活动阵地。根据《国家"十二五"时期文化发展规划纲要》,加大农村文化服务网络建设,坚持以政府为主导,以乡镇为依托,以村为重点,以农户为对象,实现县有文化馆、图书馆,乡镇有综合文化站,行政村有文化活动室,形成较为完备的县、乡、村三级农村和公共文化服务网络。健全规章制度,完善文化职能,提升服务水平,将其公共空间设施场地和其职能相适应的基本公共文化服务项目免费向群众提供。还要通过政府投入、城乡共建、村企共建、村校共建等多种方式,引进资金建设文化场所,满足农村居民的文体活动需求。以北京市朝阳区农村地区为例,近年来大力建设公共文化活动阵地,建有文化广场200余处,居家健身工程530多套,文体活动中心(室)160个,图书馆58个(百米万册达标图书馆20个、面积2200米^2),电影放映院(室)100个,东坝乡飞叉刘文化大院、黑庄户快板刘文化大院等一批著名的文化大院11家,各类文体设施上千套,基本建成"15分钟文化服务圈",百姓近距离享受公共文化服务的愿望早已变成现实(图5-1)。

图5-1　开路圣会

二、保证文化建设的持续性

各级政府要加大财政投入力度,按照一定比例,扩大公共财政中的文化覆盖面,并不断提高用于乡镇特别是村级的公共文化设施建设比例,有效降低村民参加村文化活动的成本,提高各类农村公共文化物品的使用效益;设立专项资金,确保农村重点公共文化服务建设的资金需求。各级政府在组织力量对本地农村文化建设现状进行全面摸底的基础下,制定加快农村文化建设的规划,每年安排一定数量的资金与各级地方财政配套使用,主要用于乡镇文化站硬件设施的建设和改扩建。另外,加强民间资本对公共文化事业的投资。可以采取政策导向、社会荣誉等多种手段,积极鼓励民间资本对公共文化事业的投入,开辟有偿文化网络服务,大力倡导全民办文化、赞助文化、参与文化活动。

三、培育高素质文化人才

建设一支高素质的农村文化人才队伍,要加快建立健全农村文化队伍管理机制,积极稳妥地推进公益性文化事业单位和经营性文化事业单位转企改制,稳定和发展专、兼职结合的农村文化队伍。加强对乡村文化工作人员的教育和培训。政府不但要定期举办培训班,让文化服务人员学习,还可以选送农村文化骨干赴省内外有关高等院校、艺术团体进行业务培训,不断更新知识,提高素质。鼓励农民自办文化大院、文化中心户、文化室、图书室,支持他们创作更多具浓郁乡土文化气息和较高艺术质量的文化作品,提高农村公共文化服务自我发展能力。建立一支懂文化、善经营的文化企业家队伍,引导企业家、文艺工作者、经纪人大力发展文化旅游、音像出版、体育竞赛和文艺演出活动,还要提高基层文化工作者的待遇,帮助他们解决工资待遇、职称评定等实际困难,用待遇留人,用事业留人。

第二节 加大惠民文化工程建设

党的十七届六中全会审议通过《中共中央关于深化文化体制改革、推动社会主义文化大发展大繁荣若干重大问题的决定》明确指出:"加快城乡文化一体化发展,增加农村文化服务总量,缩小城乡文化发展差距,对推进社会主义新农村建设、形成城乡经济社会发展一体化新格局具有重大意义。"大力推行文化惠民工程,正是贯彻落实中央政策的具体措施。

一、扩大农村广播电视覆盖面

广播电视"村村通"是农村文化惠民的"一号工程",它的目标是"建立以县为中心、乡镇为依托、服务农户的农村广播电视公共服务覆盖网络"。要按照"巩固成果,扩大范围,提高质量,改善服务"的要求,统筹安排,整合资源,建设好地面数字电视接收设施。

二、完善提升农家书屋

农家书屋工程是农村文化惠民的基础工程。农家书屋工程是为解决农民群众"买书难、借书难、看书难"的问题,满足农民文化需求,在行政村建立的、农民自己管理的、能提供农民实用的书报刊和音响电子产品阅读、视听条件的公益性文化服务设施,是政府统一规划、组织实施的新农村文化建设的一项基础工程。要建立出版物农家书屋更新机制,通过多种渠道、多种方式,争取每年为已建成的书屋更新一定数量的出版物,逐步提高农家书屋音像制品和电子出版物配置比例,方便农民群众阅读(图5-2)。

图 5-2 农家书屋

三、确保"农村公益电影放映工程"的实施

农村公益电影放映工程是农村文化惠民的必备工作,是农村公共文化服务体系建设的重要内容,农村电影放映主要的服务对象,是居住在全国县级以下地区的广大农民群众。1998 年,国家广电总局和文化部开始"2131"农村放映工程("21"指 21世纪初,"31"指"三个一":每一个行政村每一个月放一场电影)。要引入市场机制和社会资本,大力培育、发展农村个体放映队,多层次开发农村电影市场,积极探索能够满足农民群众需要的市场运作的农村电影放映新方法、新模式。

四、推进全国文化信息资源共享工程

全国文化信息资源共享工程,也就是对文化信息资源进行数字化加工和整合,并通过卫星、互联网和光盘等传输渠道为社会公众服务的一项重要工程。通过工程的基层服务站点,广大农民群众可以享受到丰富、快捷的数字化服务。目前,这一工程的数

字资源总量已达到69TB，尚需加大基层服务站点的建设。

第三节　大力推进文化育民

一、要把"送文化"与"种文化"相结合

一方面，继续大力推行文化下乡活动，并使之常态化、制度化，促进文化资源下移、文化服务下移，使农村广大群众享受到文化下乡活动的实在之惠。各级政府要积极推动文化、科技、卫生"三下乡"活动，文化对口支援和服务农村活动，组织和鼓励各类艺术表演团体、电影公司、图书馆、各类专业技术部门或协会到农村送戏、送电影、送书、送知识；支持大学生暑期"三下乡"活动，让高校大学生把反映时代气息、当代大学生风貌的文艺演出和先进的科技知识和科学的教育理念等带进农村。

另一方面，要开展"种文化"活动，鼓励农民自办文化，让农民成为文化活动的主体。因为"送来的文化"对繁荣农村文化起重要带动作用，但它毕竟是外来的、"喂食式"的帮助，从长远来看难以独当一面；而且，农民是新农村的主体，在文化建设中也应担当主角。因此，基层政府应重视"种文化"的工作（图5-3）。

"种文化"首先要懂得挖掘本地特色文化。由于历史传承和区域发展的差异，各地农村在文化上各有特色，以广东地区为例，如佛山和蕉岭的舞狮、丰顺的舞龙、连州的瑶族布袋木狮舞、潮州的刺绣与大锣鼓、梅州的客家山歌，还有粤曲、潮剧、雷剧、白字戏、采茶戏等。这些特色文化，不仅是农村民间文化的历史积淀，而且因为符合农民的审美习惯和认知方式，在农民群众中有较强的吸引力和亲切感。因此，政府不仅要加强资金投入，充分挖掘、整理和保护这些农村民间特色文化资源，重视培

图 5-3　文艺活动

养农村特色文化的传人，使这些特色文化得以流传；而且要有意识地保留和开展一些带有地方标志性的文化民俗活动，如庙会、赛歌会、文艺游街等，借助传统文化民俗活动的载体，带动农村民间特色文化的复兴和传承。

其次，"种文化"还应积极发动群众开展别开生面、生动活泼的文体活动，如举办群众文化节、体育竞赛等，尤其要鼓励农民自编自演，激发农民自身的创造活力和参与积极性，重在调动农民的参与性，因为"村民自己参与的节目可能达不到二流剧团的水平，却可以获得超过观看一流剧团节目的娱乐价值"，要让这些文体活动常态化，激发农民群众中潜在的文化活力。

二、为农民提供再教育的平台与机会

各级政府应建立健全农村义务教育的投入机制与长效机制，优先安排农村义务教育投入，加大对农村义务教育的物力、财力支持，改善农村中小学的办学条件与设施，推进农村中小学现代远程教育工程等；应加强农村教师队伍建设，把提高教师待遇、改善教师生活作为加强师资队伍建设的首要任务。同时,由于城乡师资力量差距大是制约当前农村教育发展的瓶颈,因而也应注重提高农村师资力量。可以通过加强农村义务教育的督导,或者通过城市优质学校与农村薄弱学校结对子——城市学校优秀教师到农村支教、上示范课、开讲座,农村教师到城市学校跟班学习等方式来提高农村师资力量和义务教育质量。

同时,要为农民提供再教育的平台与机会。再教育包含两个方面的内容。一是提升科技文化综合素质。各级政府应以适应农民需求为着眼点,以服务农民为宗旨,逐步建立起由政府统筹、农业部门牵头、相关部门配合、社会广泛参与的新型农民科技培训运行机制。如在农村开办"乡村大课堂"建设,把高质量的人文素质讲座、科技知识培训和经商之道讲座有机结合起来,逐步改变先进文化在农村传播薄弱的局面。通过长期教育、培训,甚至实施终身教育计划来提高农民的科技文化水平,使其成为有文化、懂技术、会经营的社会主义新农村新型农民。二是思想观念方面的宣传教育。通过讲座学习、传媒宣传等途径,通过"先进思想进农家""政策法规进农家""讲文明、讲卫生、讲科学、树新风、改陋习"等活动,不断提高农民的思想觉悟和认识水平,带动农民群众自觉移风易俗,促使广大农民群众认可和接受绿色、健康、科学、文明的生活方式(图5-4)。

第四节 保护乡土文化,打造文化品牌

乡土文化在中华几千年历史长河中一直是占主流地位的,乡土文化不仅承载着中华文化发展、传播、继承与优化的历史重任,乡土文化还起着典型的维系农村、宗族、社区社会经济文化道德发展约束与秩序稳定的作用。但随着城市化快速推进,乡村开始显得孤立于整个世界的发展,走向封闭与落后,失去了以往

图 5-4 健康大讲堂

的吸纳、变迁与创新的优良传统,成为一种浸渍在国人内心深处的"遗失的美好"。当前,随着社会主义新农村建设的快速推进与传统文化复兴运动的兴起,挖掘传统的乡土文化,对于推动新农村文化建设将具有里程碑意义,有利于构建社会主义和谐新农村。

一、乡土文化的价值探究

1. 乡土文化具有重要的文化价值

乡土文化是农村知识系统、制度传统、生活方式的集合体。通过乡土文化的有效保护与挖掘传统,注入现代元素,使之转化为农民喜闻乐见的文化,不仅可以让农民在文化活动中愉悦精神,交流信息,增长才干,培养与人沟通、与人交往、与人合作的能力,成为化解农村各种纠纷的润滑剂,还可以塑造农民良好的文化心理。同时乡土文化可以培育农民健康向上的价值观,造就健康的生产生活方式,而不仅仅是靠赌博等聚"人气"和看电视、听广播的单调娱乐方式,并保证主流文化占领农村文化的制高点,成为乡村的主流文化意识,杜绝乡村的"黄赌毒"现象发生和封建迷信思想的泛滥。最重要的是可以挽救大量濒临消失的乡土文化遗产，保证乡土文化传承的完整性，还原其文化价值，再现乡村的历史沿革与发展脉络。

2. 乡土文化具有重要的经济价值

文化力作为经济竞争的"软实力"，成为农村经济发展的内动力，全面培育乡土文化这个"造血"平台作为新农村文化建设的基础，对推进农村的经济现代化将发挥独特的经济功能。从现代经济的发展取向看，乡土文化最符合当今经济发展潮流的，从形式、内容到过程、结果都是原生态的，不仅在其生产、分配、传播、消费过程中体现着节约、环保、生态理念，而且乡土文化本身也是集约型、低碳化的，集农村上千年发展精粹而成，体现了高度的思想性、科学性与凝练性的统一。因此，如果把乡土文化当成一种特色资源，将乡土文化产品、乡土文化景观、乡土经济活动和乡土生活体验进行产业化开发，将有效增加文化产品的附加值，变为农民实实在在的经济效益，不仅可以激发农民的积极性、主动性，还可以有效地保护乡村传统文化。

3. 乡土文化具有重要的美学价值

我国地域辽阔，天南地北乡村众多，由于气候、土壤环境的差异性及不同民族生活习性的不同，从劳作到休闲，从民居到服饰到饮食，从语言到文字，从民俗到宗教都给人们提供了一幅活生生的生活全景图，深入其间，其美学思想源远流长，美学价值贯穿其中。尤其是乡土景观更是具有独特的艺术审美价值，不仅样式众多、造型各异，而且内含极高的工艺美术造诣与深刻的建筑内涵，给人以无穷的艺术享受。

二、独具特色的乡土文化品牌

1. 惠州龙门农民画

龙门农民画创始于1972年，当时广东省龙门县民间美术工作者积极响应党中央毛主席的号召,大力扶持、辅导工农兵业余创作,迅速掀起"工人画""农民画""战士画"之风。

龙门农民画吸收和继承了传统的民间艺术形式,创新地以单线平涂手法,结合水墨画、水彩画、油画的表现形式并借鉴传统民间刺绣、木雕、剪纸等艺术手法进行创作,同时也开创了以追寻"南蛮文化"痕迹,以"南蛮文化"作为独特文化视角、展现南国地域传统民俗文化为意念而大胆运用夸张变形的艺术手法,它突破了焦点透视、比例、结构等基本绘画方法的束缚,以浓墨重彩渲染人们丰富多彩的劳动和生活,展现了人们对自然、风俗、生活、劳动、爱情、社会的思考(图5-5)。这种别具一格的独特表现手法、具有抽象风格和民间审美情趣的绘画技法,成为现代民间绘画门类中的一个独有画种,在审美视角上彰显着自身的特色,具有较高的美学价值。中国美术家协会主席刘大为同志也称赞龙门农民画风格鲜明,有很高的艺术品位,并题词"乡土艺术,岭南风情"。

图5-5　龙门农民画

1982年以来,龙门农民画曾在广州、北京、上海、西安等大城市展出，也曾到美国、日本、瑞典、挪威、加拿大、澳大利亚等国家先后举办展览；100多幅作品分别获国家和广东省美术奖，100多幅作品在国内外刊物发表，外国商人购买、收藏近万幅农民画，在国内外产生了广泛的影响。1988年龙门县被文化部命名为"中国现代民间绘画画乡"。1998年被广东省文化厅命名为"广东省民间艺术之乡"。2008年龙门县被文化部命名为"民间文化艺术之乡"。2008年在北京奥运会期间，龙门农民画在祥云小屋广东屋、祥云剧组办公场所、运动员村和奥组委官员办公场地展示，130多幅龙门农民画作为北京奥组委赠送外国友人的礼品。这是继惠州市委、市政府、广东省有关外事部门把龙门农民画作为赠送外宾礼品后，龙门农民画作为我国民间艺术精品的代表，首次成为国家级的外事礼品。2008年8月8日北京奥运会开幕当日，《南方日报》用大篇幅报道中国龙门农民画进驻奥运场馆情况，并确定龙门农民画为"广东文化名片"，中国龙门农民画品牌形象达到历史最高峰。

近年来，龙门县极力推进农民画的普及化、市场化、产业化。一方面在全县中小学开设龙门农民画教学课程，积极培训农民画人才；另一方面又以村企业合作的形式，积极拓展海内外市场。如今，龙门共有3000多名农民画者，其中近百名知名农民画家，创作出《风谷》《淋菜》《酿酒》《舞火狗》等具有浓郁民间生产、生活特色的作品；嘉义庄村民更是家家都有画者，成为远近闻名的农民画示范村和旅游景点。

2. 东莞麻涌龙舟竞渡

广东省东莞市麻涌镇是著名的龙舟之乡。在水乡片区，河涌密布、纵横交错，龙舟竞渡历史悠久，村村有龙舟，拥有极其广泛的群众基础。五月从初一起，天天有"景"，天天有龙舟竞渡，甚至一天有好几村有活动，年年"招景""扒标"。麻涌有历史以来并延续至今有四个"景"：漳澎景，五月初九；南洲景,五月十四;麻涌景,五月十六(麻涌镇最盛大的龙舟景);鸥涌景,五月十八。

麻涌镇不断深挖龙舟文化底蕴,以各项龙舟活动为载体,打造龙舟文化品牌,向世界展示麻涌龙舟文化的神奇魅力,弘扬龙舟文化奋发争先、团结向上的精神,助推了美丽新麻涌的崛起。

东莞麻涌光大龙舟队取得的成绩也让人刮目,先后在2013年中华龙舟大赛万宁站夺得总成绩第三名,2013年中华龙舟大赛福州站夺得总成绩第一名,2013年中国龙舟公开赛金堂站和中华龙舟大赛江阴月城站分别夺得总成绩第二名和第一名(图5-6)。参加2013年香港国际龙舟邀请赛更是独占鳌头,一举夺得3金2铜的佳绩。

图5-6 中华龙舟大赛

麻涌镇不断深挖龙舟文化底蕴,以龙舟赛为载体,打造龙舟文化品牌。近年来,越来越多民间老造船人渐渐从岗位上隐退下来,转而以制作小龙舟工艺品为娱乐,帮补家计。这些由老师傅制作出来的小龙舟工艺精湛,深受群众欢迎,大有供不应求之势。还有，为龙舟大赛建设并投入使用的华阳湖生态湿地公园与百花竞放的水上绿道相连接，开辟了一条水上旅游观光线路。还开展了龙舟文化长廊展示、龙舟摄影大赛、龙舟征文大赛等系列活动，充分展示了麻涌镇龙舟文化活动传统，弘扬龙舟奋发争先、团结向上的精神，推动经济发展和文化发展相得益彰。

3. 大澳渔家文化

大澳渔村位于广东省阳东县东平镇东南方，原为一古港，是广东历史上十大港口之一，中国古代南海"海上丝绸之路"必经的重要港口（图5-7）。明代大航海家郑和率领船队七下西洋曾经在此设补给站，与广州"十三行"相列，民间称"十三行尾"。宋代古沉船"南海一号"，也是在大澳东南方约20海里的海域里打捞出水的。大澳渔村具有深厚的渔家文化，像大澳渔村这样保存完整的古渔港，在全国也极为罕见。

图5-7 大澳渔村

大澳渔村被评为广东省人文历史最美乡村旅游示范区（点）、广东省旅游特色村、阳江市新十景、阳江市文明村、阳江市重点文物保护单位，于2012年评定为"国家AAA级旅游景区"称号,于2013年获得"广东省摄影基地"称号,被命名为"中国古村落(广东传统民居)"。

大澳渔村申报2012年广东省旅游扶贫大型重点项目,凭借国内著名旅游规划专家陈南江博士领衔的广东中建设计有限公司对项目准确的形象定位——"海上丝路古港、广东最美渔村",在全省14个旅游景区中脱颖而出,以第2名的成绩入选。

大澳渔村景点有"明清一条街""蛋家棚居""古商会旧址""古炮楼""海角琼楼""海岸月湖""大澳万人坟""渔家民俗风情馆""爱国主义教育基地"等(图5-8)。"大澳渔家民俗风情馆"是全国首个渔家文化专题馆,也是阳江著名博物馆之一。馆内收藏了5000多件历代渔民生产、生活、婚嫁用品,其中很多藏品成为记录和反映渔家风情文化的珍品。

图5-8　大澳商会

4. 高碑店高跷老会

北京市朝阳区高碑店高跷老会(图5-9),成立于清代光绪十二年（1886年），至今已有130年历史。高跷老会以功夫好而著称，上跷跟走平地一样，角色扮相齐全，生、旦、净、末、丑行行都有，动作干净利落，表演方式自成一家。其表演内容既有舞姿轻盈优雅的"文扇"，也有扮相俊俏、动作刚强飘逸的"武扇"，更有粗犷彪悍、朴实奔放的"大头行"，还有诙谐逗乐的武丑"膏药"。戏有《西厢记》《打渔杀家》等，易观易懂。

图5-9　高跷老会

高碑店高跷老会现有队员四十余名，其中年龄最大的演员已经61岁，在表演节目上，除继续保留传统节目，还有所创新，增加了女队员。为了促进高跷的传承和发展，2006年成立了高碑店少儿高跷队。

高碑店高跷老会已成为北京市朝阳区的文化名片，多次走出国门，弘扬中华传统文化。2005年中英文化年，参加"北京风情舞动伦敦"活动，获得了最具影响力奖；2006年少儿高跷队应邀参加"北京风情舞动悉尼"活动；2007年参加"北京风情舞动美国"大型演出活动；2009年应邀到加拿大渥太华参加

"亚洲文化节"活动。

高碑店将高跷、腰鼓、秧歌等传统民俗文化整合,打造民俗旅游文化村,接待国际、国内游客,充分展现朝阳农民的精神风貌。

第六章 懂得文明礼仪

第一节 学习使用普通话

一、普通话与方言

《中华人民共和国国家通用语言文字法》规定普通话是国家通用语言。

普通话就是现代汉民族共同语，是全国各民族通用的语言，普通话以北京语音为标准音，以北方话为基础方言，以典范的现代白话文著作为语言规范。

方言是根据语言的长期演变而来的，根据其性质差异可分地域方言和社会方言。现代汉语共有七大方言，即北方方言、吴方言、湘方言、赣方言、客家方言、闽方言和粤方言。

推广普通话并不禁止说方言，更不是要消灭方言。我们应该在会说方言的基础上进一步学会国家民族的主体性语言——普通话（图6-1）。

二、学习普通话的必要性

国家推广全国通用的普通话，重要目的之一便是提升国民整体的语言文化素养。这种素养的提升，城市居民不能落下，农村尤其是贫困地区、民族地区也不能落下。

对于农村来说，推广普及普通话，可以助力精准扶贫脱贫。

图 6-1 说普通话从我做起

长期以来,一些贫困地区、民族地区存在的语言交流问题,日益成为精准扶贫的障碍之一。很多群众不会说普通话,甚至不少基层乡镇干部也说不上几句,这种状况极大地制约了扶贫开发、创业指导、技术培训、推送致富信息等活动的开展。而这些地区青壮年劳动力即使外出打工,也会因"语言关"面临应聘难、租房难、学习技术难等问题。

三、学习普通话的技巧

快速学习普通话的方法和窍门就是一要多听,二要多练,三就是多说。

1. 多听

除了积极参加农村普通话培训教育之外,人们通过广播电视学习普通话,成为获取普通话的重要途径。俗话说,耳熟能详。多听一些新闻、朗诵之类的标准普通话,对于农民朋友来说,也可以多听一些农业频道的广播,不仅可以了解农业市场行情,对快速学习普通话也有好处。

2. 多练

在家里面,找一些报纸、杂志等有文字的素材,自己多读多

第六章 懂得文明礼仪

练。也可以在网络上搜索一些经典的比较有难度的绕口令,可以从短的开始,比如,《八百标兵奔北坡》《哑巴与喇嘛》等,坚持每天每一个绕口令练习10遍左右,练的时候,吐字要清晰,不可跳过,有意识地让自己的语速越来越快。练好了基础的绕口令,可以搜索一些高阶的绕口令,比如《玲珑塔》《报菜名》等,一部分一部分地练习,最后合起来练直至一气呵成,没有停顿和吐字不清的状况。

3. 多说

与村民在一起交流的时候,可以事先约好说普通话,也可以跟孩子一起说普通话,这样不仅自己的水平提升了,也可以教导孩子们从小开始学说普通话。在某一个环境内,大家都尽量说普通话,这样进步是最明显的。

第二节 摒弃农村陋习

在物质生活日益提高的当前,我国农村仍然存在一些落后、愚昧的陋习。这些陋习制约和阻碍了农村的发展,影响了全面小康社会建成。

一、聚众赌博

在农村,一到农闲时节,村民们喜欢三五成群聚在一起打扑克、打麻将,尤其是临近年关,这种现象更是普遍!村里总有些青年,喜欢游手好闲,好吃懒做,不干正事,于是就聚在一起"玩玩"。

话说小赌怡情,大赌伤身,在没有人制止的情况下,这些人越玩越大,小赌变大赌。这种行为,不仅影响了村庄的正常生产行为,而且还败坏了社会习俗。更有严重者,轻者伤财,重者妻离子散,真是百害而无一利。2018年国家出重拳整顿这些赌博行为，严打狠抓村庄赌博现象，金额超过 500 元就可拘留。甚至有的地方规定赌资超过 200 元即可拘留。

二、大操大办丧事葬礼

在农村，亲人去世后，为了让自家丧事变得体面，人们开始大操大办。丧事俨然已经变得形式化、利益化了。有的家里还请来了鼓乐队、哭丧的，大闹几天几夜。为的就是给外人留下一个"孝顺"的形象。但在外人看来，这就是表面文章，甚至有人讽刺说，爹妈活着的时候，都没见有什么陪伴和关怀。亲人去世，尽量一切从简。铺张浪费，大操大办最终丢掉的是良好的传统习俗（图 6-2）。

图 6-2　大操大办丧事葬礼

三、人情攀比行为

如今村庄的人情礼往攀比之风盛行，谁家结婚了，谁家办得盛大，气势比较壮观，为了体面虚荣，轮到自己的时候就是贷款、借款也要办得比别人风光。人们为了虚荣心，无意中给自己增加了经济负担。然而苦的却是自己，有的甚至是一辈子。

四、天价彩礼

我国结婚风俗素有男方给女方彩礼的习惯，这种习惯延续至今。然而这种情况完全变了味，成了互相攀比。尽管男方家庭经济实力雄厚，也备受折磨。一场婚礼不仅能掏空一个农村家庭，甚至还要负债累累。很多年轻的小情侣因为彩礼问题不得不走上分手之路，使有情人难成眷属，所以不得不说一些农村地区的天价彩礼属于农村的一大陋习（图6-3）。

图6-3 天价彩礼

五、骗取低保的行为

国家为了扶持农村贫困地区的农民改善生活条件，出台了一系列惠农措施，包括发放低保金。可是执行情况却不容乐观。有的村庄存在着有钱人骗取低保金的行为，甚至真正的贫困农民却享用不到。让贫苦农民伤透了心，并且这种现象也损坏了政府的形象，败坏了民风。

第三节　传承乡村优秀传统文化

乡村是中华优秀传统文化的根基所在，积淀着人类发展演变的历史与文明。要留住乡音、乡风、乡思，继承传统文化精华，挖掘历史智慧，为乡村振兴提供丰厚的传统文化滋养。

一、弘扬优秀家训文化

传统的家训家风及其蕴含的传统美德，在当今时代依然有其独特价值和现实意义。家风正则民风淳，民风淳则社稷安。要合理吸收中华传统家训家规的精华，并推动其创造性转化、创新性发展，为形成新时代乡村良好家教和家风提供丰厚滋养。通过倡议书等形式广泛宣传发动，以乡村党员干部、模范人物、教育文化工作者家庭为示范，青少年学生家庭为重点，通过在家谱村史、牌匾楹联、经典家训中寻找、长辈口述、家人共议等形式，挖掘、整理、编写弘扬传统美德的格言、家规、家训。广泛开展家训"挂厅堂、进礼堂"活动，组织文化志愿者进村入户写家训、拍全家福，制作匾额、条幅等。将好家训在文化礼堂、文体中心、宣传橱窗等集中展陈，纳入家谱村史编写、村规民约修订之中。组织开展"我有传家宝""家书抵万金"等活动，倡导家家户户以卡片、锦囊等各种形式制作写有家训、便于携带保存的"传家宝"，在子女成人成婚、就学就业、参军远行等人生重要时刻郑重馈授，推动好家训、好家风代代相传。通过广泛开展家风建设，引导农民群众继承传统美德，树立家国情怀。

二、传承非物质文化遗产

广大农村是非物质文化遗产的富矿,表演艺术、手工技艺、民俗节日等大多诞生于农村,流传于乡间。要坚持"保护为主、抢救第一、合理利用、传承发展"的工作方针,推进"美丽'非遗'乡村行动。"计划做好"非遗"保护传承,发挥其塑魂、兴业、育人、添乐、扬名等功能,助推乡村振兴战略。

弘扬传统民俗,丰富传统节日文化。深入开展"我们的节日""我们的传统"等主题活动,实施中国传统节日振兴工程,组织开展具有民族传统和地域特色的民俗文化活动,丰富春节、元宵、清明、端午、七夕、中秋、重阳等传统节日的内涵,形成新的节日习俗。培育积极健康向上的节庆文化,延续乡村文化脉络,增强农民群众的文化认同、乡土情怀和文化自信。

实施保护振兴计划,加强传统艺术保护。通过抢救性记录、扶持性培育、还原性展示和共生性发展,推进传统戏曲、音乐、舞蹈等项目的保护传承工作,推动传统艺术传下去、活起来,充分发挥其在提升农民群众文化获得感、幸福感方面的作用。结合当地实际,重点培育一批传统表演艺术精品项目,努力形成"一地一品"或"一地多品"的格局。

振兴传统工艺,带动乡村文化产业发展。坚持传统工艺创造性转化、创新性发展的方向,传承与发展传统文化,涵养文化生态。通过传统工艺的振兴,更好地发掘手工劳动的创造性价值,发展壮大乡村文化产业,促进农民就业致富。

立足保护利用,推进乡村"非遗"整体性保护。加强组织领导和资源要素统筹,推进民俗文化村、"非遗"主题小镇建设,开展"非遗"整体性保护和生产性保护,使其成为"非遗"项目传承的基地、教学的课堂、展示的窗口和体验的场所,更好地发挥示范作用和外化功能。加快文化旅游融合发展,将"非遗"保护与美丽乡村建设结合起来,使"非遗"工作与群众生产生活结合起来,有效助推乡村振兴。

三、推广方志文化

方志文化是中华优秀传统文化和中国特色社会主义文化的重要组成部分,承担着存史、资政、育人的重要功能。传承、弘扬方志文化,对于总结农村改革发展建设经验,促进农村经济社会发展,推动乡村振兴战略的实施,具有十分重要的意义。要加强乡村方志资料收集整理,建立和完善地方志资料收(征)集、保存、管理制度,健全志书、年鉴、大事记、地情刊物等地情资料保存工作机制。综合运用社会调查、口述历史、家谱族谱和音像影像资料收(征)集等方法,大力拓展资料征集范围和渠道,做好乡村人文历史的普查,为保护历史文化、实施乡村振兴战略提供基础性资料。重点针对历史文化名镇(村)、经济强镇(村)、新农村建设示范镇(村)和特色示范镇(村),组织做好方志的编写工作。通过典型示范,带动更多的地方编修乡镇(村)志,更好地保护抢救、传承保存、开发利用宝贵的乡村文化。鼓励有条件的地方,通过建立乡村记忆基地、方志展馆等场所,开展地情文化宣传普及、方志工作成果宣传教育,增强农民群众的归属感。做好"互联网+"文章,推动地方志数字化工作,鼓励各地加强地方志门户网站、微信公众号等网络平台建设,交流发布方志动态、地情库、大事记、历史人物、风景名胜、土特名产等内容,为社会大众提供信息查询、工作交流等服务。

第七章 弘扬乡贤文化

第一节 乡贤文化的概况

一、乡贤文化，源远流长

乡贤文化的传承思想源远流长。在《孟子》《周礼》中，均载有具体的乡村组织与管理构想，并在社会实践中得到实施。秦汉以后即推行以"乡三老"为乡村最高领袖的乡治制度。另外，不同历史时期还有"乡先生""乡达""乡绅"等称呼。总的来看，"乡贤"一词系指在民间本土本乡有德行、有才能、有声望而深为当地民众所尊重的人（图7-1）。

图7-1 乡贤榜

北京大学教授张颐武认为，乡贤文化是中国农耕文化的产物，乡贤文化实际上属于士阶层文化在中国乡土的一种表现形式。传统中国社会中，士阶层是社会的实际管理者，也是社会文化精神的倡导者。他们出门为官，回乡之后就是士绅，起着维护本地社会秩序的作用。无论是中央政令在地方上的有效实施，还是民间社会愿望的上达，作为政府和基层民众之间的中介，乡贤都起到了积极作用。中南大学中国村落文化研究中心主任胡彬彬认为，在中国古代社会，乡贤的存在使得上通下达的"双轨制"得以有效运行。

在我国传统社会中，乡贤还在维系地方社会的文化、风俗、教化方面发挥了积极作用。礼法合治是我国古代优秀治理经验，古代乡贤们为县以下广大乡村的治理贡献了智慧。北宋时期，蓝田的吕大忠、吕大钧兄弟等地方乡贤自发制定、实施的《吕氏乡约》，是我国历史上最早的"村规民约"。规定乡党邻里之间的基本准则，对乡民修身、立业、齐家、交友等行为，做出了规范性的要求，引导着当时人们的伦理生活。

二、乡贤文化的窘境与挑战

如康有为在19世纪末所说，中国传统文化遭遇了"2000年来未有之变局"。时至今日，中国社会仍在巨变的进程之中，包括城镇化的快速发展，农民传统的价值观和思维方式发生变化，传统文化习俗与现代文明发生冲突。这种"变局"就包括曾经深受乡贤文化滋养的中国乡村社会所遭遇的重击。在城镇化的浪潮中，农村优秀人才大量向城市流动，不少乡贤或定居城市或外出经商务工，正所谓"秀才都挤进城里"，人们不禁叩问"乡贤何在"？

我们要看到，虽然乡土中国已经发生了巨大的变化，但是传统社会的架构没有完全坍塌，乡村社会中错综的人际交往方式，以血缘维系的家族和邻里关系依然广泛存在于乡村之中。在这种情况下，乡贤仍很重要。作为本地有声望、有能力的长者，乡贤在协调冲突、以身作则上提供正面价值观方面的作用就不可或缺。

中国需要乡贤文化的复兴，但这不是传统士绅文化的回归。传统社会中的乡村，因为生活在一个熟人社会中，并不太重视法律和契约的作用，而是更加看重有威望的乡贤对于社会公正的维护。当然，我们不能回到过去那种状况，我们需要与时俱进，需要村舍民间领袖和社会体系的有机融合，精英和地方治理的有效结合。我们要避免本地生长起来的乡贤离乡之后就断了联系，这需要政府给予支持。乡贤是乡村社会的黏合剂，他们的知识和人格修养成为乡民维系情感联络的纽带，让村民有村舍的荣誉感和社区的荣誉感，这样的乡贤文化才是有上进心和凝聚力的。

第二节　弘扬乡贤，垂范乡里

一、乡贤的重新界定

乡贤，即乡里的社会贤达。在古代，主要指品德、才学为乡人所推崇敬重的人，既有食朝廷俸禄的好官，也有德高望重的贤者，还有贡献卓著的能人。他们作为乡贤，受到后人的敬仰和崇拜，表明了国家和社会对其人生价值的肯定。

从现代观念与现实需求出发，乡贤的范围已不再局限于道德与才能的层面，而扩展到"名人"尤其是"文化名人"。文化名人有狭义与广义之分。狭义的文化名人是指在文章、文教、文化等方面取得巨大成就，对历史有深远影响或在某一时代名闻遐迩的人；广义的文化名人，包括在政治、经济、军事、文化、科学、教育、文艺、卫生、体育等各个领域取得突出业绩，在本土本地有较高声望的社会各界人士。

但是，不是所有的地方都有状元、进士及各类名人、英模等杰出代表，乡贤概念需与时俱进，名流诚可贵，"草根民星""乡土人才"也难得，只要能够有益于百姓、为百姓称道的都可以视作乡贤。现实农村中，群众公认的优秀基层干部、道德模范、身边好人等先进典型，都堪称乡贤（图7-2）。许多农村干部，也许文化并不高，风里来、雨里去，肩挑着集体事业，心头装着百姓冷暖，业绩或大或小，付出了努力，无愧于良心，他们是百姓心中的乡贤；许多乡村医生，依然怀有"赤脚医生向阳花，一颗红心暖千家"的秉性，身背药箱，走乡入户，甚至半夜行医，他们是百姓心中的乡贤；还有许多先富者，致富不忘乡亲，带动更多人脱困奔富，他们是百姓心中的乡贤；还有更多的公益人士、志愿者，一方有难，他们伸出温暖的双手，带来乡间的情意，他们同样是百姓心中的乡贤。

图7-2 群心村乡贤文化馆的群心好人

北京大学张颐武教授还指出，现代社会中存在两种乡贤，一种是"在场"的乡贤，一种是"不在场"的乡贤。有的乡贤扎根本土，耕耘奉献，把现代的价值观传递给村民。还有一种乡贤，出去奋斗，有了成就再回馈乡里。他们可能人不在当地，但由于通信和交通的便利，他们可以通过各种方式关心家乡的发展，他们的思维观念、知识和财富都能够影响家乡。

总而言之，无论职业，无论居住地，只要生于斯，长于斯，奉献于斯，在百姓的"天秤"上占到一定位置，皆可尊称为"新乡贤"。

二、优秀乡贤文化的弘扬

社会学家费孝通认为，中国社会是一个"乡土社会"。在悠久的农业文明中，包含着传统乡村治理的智慧与经验，乡贤文化则根植于其中，在古代国家治理结构中发挥着重要作用。一方面历史上的乡贤热心公共事务，维系地方社会的文化、风俗与教化，造福一方百姓；另一方面乡贤在维持乡土社会有效运转方面也发挥着重要作用。

当前，我国正处于社会转型期，一方面，城镇化飞速发展，另一方面，以"中国传统文化"作为内核的"中国村落文化"遗存现状令人担忧。摆在我们面前严峻的事实：古老的传统村落遗物正在以惊人的速度消失；传统村落所具有的中华民族特色文化形态正在发生急剧裂变，其内在结构也在外来文化的强大攻势下，正在支离瓦解，甚至可以说延续了数千年的村落文化已到了"生死存亡之秋"。当下的乡村治理和乡村社会重建应该从优秀传统文化中寻求资源。

在不少学者看来，当前社会主义新农村建设、社会主义核心价值观的发掘与实践表明，优秀的传统乡贤文化是可资利用的重要文化资源。独特的乡贤地域文化通过本地区历代乡贤名流的德行贡献，凝聚成民众的共同精神。乡贤精神对于提升本地区民众的文化自信心、自尊心，敦厚民心、民风，激励社会向上，具有特殊的现实意义和价值作用。

乡村自治的深厚乡贤文化基础或许是值得充分发掘与利用的宝藏。曲阜师范大学新农村建设研究中心副主任张晓琼认为，乡贤文化中所蕴含的高度智慧与人文价值，潜藏着与现代农村基层民主制度相契合的因素，如果能够把传统乡贤文化智慧与现代社会发展要求相结合，加以发展创新，对于恢复乡村生机、激发乡村发展潜力将会发挥不可估量的作用。

原中央宣传部部长（现任十三届全国政协副主席）刘奇葆曾强调，要继承和弘扬有益于当代的乡贤文化，发挥"新乡贤"的示范引领作用，用他们的嘉言懿行垂范乡里，涵育文明乡风，让社会主义核心价值观在乡村深深扎根。同时，以乡情、乡愁为纽带，吸引和凝聚各方面的成功人士，用其学识专长、创业经验反哺桑梓，建设美丽乡村。

第三节　乡贤反哺，引领发展

过去，弘扬与传承乡贤文化，有老传统可循。乡贤者祠堂供奉，家谱有事迹可载。有的镌刻在石碑上，甚至地方志有列传，有的流传在民间故事中，也有的融入家风家训"传家宝"中。今天，时代在进步，有些老传统还在借鉴、传承，有的地方以编写家谱形式挖掘乡贤氛围很浓。各地编写方志，将地方旧的、新的乡贤，一并列入供后代学习，也是好传统、好做法。但是，随着时代的进步，有些传统成了"明日黄花"，与时俱进，挖掘和利用乡贤文化势在必行。

一、重构乡贤文化

当前中国城镇化发展迅速,农民外出务工,许多乡村人才流失,人去地荒,农村正呈现出空壳化的趋势。有统计数据表明,2011年,中国城镇人口首次超过农村,占比达到51.27%。这当中,乡村空心化、乡村文化断裂、农村治理失效尤其令人忧心。乡贤回归,重构传统乡村文化,这是中国现代化进程中实行乡村治理的有效方式。一是涵育文明乡风中,积极开发乡贤资源。除了传统的名人、社会精英,今日乡里好干部、好村医、好教师,身边好人甚至"贤妻好媳",也有闪光点、新故事,更是宝贵的"原生态"精神财富,值得挖掘、擦亮。积极开展"好村官""好村医""好媳妇""好公婆"等评选活动,结合文明新风户评比、家风家训教育等,有机融入乡贤嘉言懿行,形成浓烈贤文化氛围,有益传播文明乡风,构建"原生态"精神文化家园(图7-3)。二是设立社会荣誉、鼓励机制引导乡贤反哺,奉献乡土,凝聚浓浓乡情。中国农村还拥有优秀的传统文化资源和人文资

图7-3 四德之星、好婆婆、好媳妇表彰会议

源，"衣锦还乡""德泽乡里"的思想扎根在每一个中国人的骨头里。各地乡贤数量庞大，或从政，或从教，或从商等，拥有大量的人力和物力资源。他们既关心家乡的发展，又愿意为家乡做一些公益事业，他们拥有技术、资本、信息、市场和人脉资源，只要当地有健全的组织协调和沟通服务机制，能够以项目回迁、资金回流、信息回馈、智力回乡、技术回援、扶贫济困、助教助学等形式反哺家乡。

二、建立乡贤理事会

薄弱且无比广阔的中国农村已成为政府面临的最大实际问题，无论从资金、技术、农业服务及社区安全上，政府都无法充分满足农民和农村的需求。由于不少乡镇政府依然沿袭着"官本位"的行政理念，农民难以参与到新农村建设中来，更难以发挥出主体性作用，乡村社会的内生力量得不到充分发挥，甚至是被抑制。农村发展亟须创新农村社会管理，打破体制机制束缚。广东省云浮市创新农村社会管理模式，培育和发展自然村乡贤理事会，充分利用亲缘、人缘、地缘优势，发挥其经验、学识、财富及文化修养优势，凝聚社会资源，协助镇（街）、村（居）委、自然村（村民小组）开展农村公共服务和公益事业建设，弥补基层政府和自治组织提供公共产品和公共服务的不足，形成有益补充，理顺了乡贤服务乡土的机制，2013年荣获第二届"广东治理创新奖"。

1. 决策共谋，民事民议

理事会以座谈会、进村入户等形式，围绕本村的公益建设项目和民生实事充分研究讨论，凡是牵涉村民切身利益的项目立项、规划设计、路线走向及遇到的困难问题等，都坚持广泛听取村民意见，发动群众献计献策，集中群众意愿，使项目建设充分体现村民的意志。引导群众从"观望"逐步转向"关注"，继而

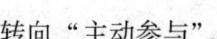

转向"主动参与"。

2. 发展共建，民事民办

理事会出钱、出力发动群众申报奖补项目，带动群众由"要我建"转变为"我要建"，形成"政府自上而下层级发动、群众自下而上多方参与"的共建局面。

3. 建设共管，民事民管

理事会在村道、水利、环境、文体等奖补项目建设全过程中，引导村民组建义务监督队伍，对在建项目工程进度和质量，对建成项目的维护保养开展轮值制等形式的监督。通过开展清洁家园等活动，培养村民良好的生活习俗和文明的行为，提高群众文明素质。通过征询群众意见建议，订立村道维护、卫生管理、美化绿化等村规民约、管理公约，以制度管人、管事、规范自治，实现共同管理，有效维护村容村貌和农村秩序。

4. 成果共享，培育精神

在理事会的协同下，广大农村群众在参与共谋共建共管中共享了发展成果，培育了"自律自强、互信互助、共建共享"的农村协同共治精神，持续促进美丽幸福家园建设。

三、乡贤反哺的感人故事

1. 乡贤洪华贵：新时代了不起的女农人

谁说女子不如男？从古至今，也出现过不少"巾帼不让须眉"的典范。就连种田，她也能凭着自己的智慧，创造出亩产值16000多元的奇迹，相当于一个普通男人种田亩产值的8倍。她就是新时代了不起的女农人洪华贵（图7-4）。

洪华贵，1976年出生，江西省余江区人，中共党员，大学学历，江西神农氏生态农业开发有限公司总经理，鹰潭市第九届人大代表，鹰潭市新联会副会长，余江区第十届政协常委，余江区新联会党支部书记。从2016年1月至今，先后荣获"回乡创

图7-4 洪华贵

业先锋""余江县农村妇女'双学双比'科技致富女能手""全市优秀共产党员""全市统一战线参政议政标兵""鹰潭市三八红旗手""鹰潭市非公有制经济发展优秀创业者"等荣誉称号。

洪华贵1990年开始到新疆打工,2002年在浙江义乌开设贸易公司。事业虽小有所成,但她心中却一直怀揣着回乡发展现代生态农业念想。她先后到湖北、福建和上海等地进行考察,探寻了"鳖稻共生"的养殖模式。掌握技术后,2014年,洪华贵成立了公司,在锦江古镇投资1.8亿元建设"鱼米农夫"生态农业园,承包了1000多亩水田,立志传承农耕文明,创建智慧田园小镇。

功夫不负有心人。2016年,洪华贵养殖的第一批甲鱼投放市场,广受好评,种植的水稻远销沿海发达地区,"鳖稻共生"大大提高了稻田经济效益。

一人富不算富,全村富才是真的富。公司成立以后,洪华贵为带领村民一起致富,提出了"农商互助 企民共赢",坚持以生态效益为导向,以经济效益为基础,带动更多的农户加入到"鳖稻共生"的行列中,让更多村民走上致富的道路。

第七章 弘扬乡贤文化

2016年1月，公司牵头组建成立了余江县自然之源水稻专业合作社和余江县田源水产养殖专业合作社，构建起"公司+农户"的利益共同体，现已经有100多户农户加入到合作社之中。同时公司还加强培训村民，促进公司与农户种植水平的共同提高，从而增加农民的经济收入。

洪华贵认为，帮助贫困户脱贫，是公司的责任所在。2017年，公司带动了32户贫困户，根据贫困户的实际情况进行精准扶贫。

40多岁的农民洪有明轻度智障，与70多岁的母亲相依为命，十分贫困。洪华贵根据洪有明的劳动能力，在基地上让技术人员带动洪有明管理一亩田，每月工资3000余元。

现在，他的母亲逢人就夸基地好，让母子俩的生活有了保障。公司还专门筹资20余万元成立扶贫基金，给所有的贫困户每年每户发放3000元扶贫救助资金，帮助贫困户改善生活。

从离乡创业到返乡务农，从衣食无忧的成功商家到躬身田野的"新农人"，洪华贵实现了人生的华丽转变。每每看到自己种出来的东西，不但帮自己致富，还带动周边村民致富，40岁出头的洪华贵高兴得像个小姑娘。她充分感受到了做一个新时代农民的成就感，觉得这才是最能体现人生价值的事情。

一个女人，只要心中有理想，坚定信念，同样有实力去创造自己美好的未来，实现人生的价值。洪华贵，就是新时代一个了不起的新女性的典范。

2. 邓虎高：从企业经理到宅改先锋

邓虎高，余江区春涛镇洋源村邓家村小组人，华腾服饰制造有限公司经理，现兼任洋源村邓家小组村民事务理事会理事长。为改变村庄面貌，推进村庄宅改工作，邓虎高始终默默奉献，埋头苦干，锐意进取，一举将洋源邓家村打造成宅改典型。2016年，邓虎高被评为十佳乡贤。

"很多人叫我别做这个事，容易得罪人，家中妻子更是坚决反对,甚至威胁我说如果我要做这个事,她就不管厂里的事情。"邓虎高说,"但是我深刻认识到这项政策如果实施到位,一定能为村里带来变化,带来好处。作为一名共产党员,我觉得有责任和义务牵头为群众把这个事做好,我相信只要是一心为集体,没有私心,最终能取得群众的理解。"邓虎高用自己的实际行动和宅改后村庄的美丽变化赢得了家人和群众的点赞。

邓家村在未搞宅改以前,村内房屋破败不堪、杂草丛生,严重空心;村内道路坑坑洼洼、人车难行。村民总是因为土地问题经常发生口角矛盾,存在很多不和谐因素,村民乱圈乱占现象非常严重。由于这种原因,村民被迫在邓山线以东另建新村,浪费大量山地、林地。

宅改启动退出工作以来的短短一个月的时间,邓家村就发生了翻天覆地的变化。退出房屋60多栋,附属房、猪牛栏70多间,院子30多套,节约土地3万多米^2。

"宅改首先要从自身改起,村干部、理事会成员、党员带头退,然后干部、理事、党员亲属再退,最后才是其他群众。"在宅基地制度改革过程中,邓虎高带头垫资,并发动理事会垫资。宅改启动前一天晚上,全体理事会成员垫资20万元用以保证本村村民的宅基地有偿退出,加上道路硬化等基础设施建设总共垫资50余万元。在邓虎高的带领下,理事会顺利完成2016年洋源邓家的宅改任务。

2016年12月,洋源邓家作为春涛镇宅改示范点,成功举办了"宅改"现场流动会。邓虎高成功实现了从"企业经理"向"理事长"转变。

一排排整齐的房屋掩映在树阴下,宽阔的水泥路通到了每户村民的家门口。利用村内空余用地兴建的广场上,孩子们正荡着秋千,笑声随着秋千荡出很远很远。现在的邓虎高,正带领着洋源邓家朝着美丽乡村的方向一步步迈进。

第八章　乡风文明建设典型案例

第一节　浙江省仙居县：聚力乡风文明、助推乡村振兴

近年来，浙江省台州市仙居县坚持以习近平新时代中国特色社会主义思想为指导，全面贯彻党的十九大精神，按照"产业兴旺、生态宜居、乡风文明、治理有效、生活富裕"的乡村振兴总要求，以全面实施美丽台州新乡风涵育行动为指导意见，深入推进核心价值观落细落小、文明有礼成为习惯，着力培育绿色低碳、崇德向善、诚信有礼、和美和睦的文明乡风、良好家风、淳朴民风，焕发乡村文明新气象，助推乡村振兴，取得了明显成效。

第一，率先开展"慈孝仙居"创建活动，以"慈孝文化"构筑乡风文明高地。2012年以来，仙居全面推行以"尊老、爱幼、孝亲"为核心的"慈孝仙居"建设（图8-1），有力地促进了村庄（社区）社会风气的好转，促进了乡风文明和精神文明建设，也得到了社会的普遍认同和高度赞扬。"慈孝仙居"创建项目荣获2012年度台州市宣传思想文化工作创新奖，2013年度台州市党建工作创新奖，2012—2013年度浙江省宣传思想工作"三贴近"优秀案例。2013年底被正式命名为"中国慈孝文化之乡"。2014年，仙居县荣获第三届"浙江孝贤"特别奖，全国唯一的中国孝文化研究中心实践基地落户仙居，2015年，"慈孝仙居"项目荣获第三届浙江省公共管理十佳创新奖等，国家有关部

门和省市级领导都对"慈孝仙居"创建工作批示肯定,新华社《国内动态清样》、人民日报、中央电视台、中央人民广播电台、光明日报、人民网、浙江日报等国内百余家媒体予以密集宣传报道,引起了各地和学术界的高度关注。

图 8-1 慈孝仙居

第二,率先构建"三绿"乡村治理机制。近年来,仙居以浙江省首个县域绿色化发展改革试点县为契机,坚持把"两山"理论作为发展的内生动力,总结推广淡竹乡 2015 年开始探索实施的"绿色货币"制度,开展以绿色公约、绿色货币、绿色调解为主要内容的美丽乡村"三绿"治理模式,并有机融入农村垃圾分类、环境治理、五水共治、特色小镇建设、生态品质提升、绿色产业发展等中心工作,使生态文明建设能力的提升成为推动农村经济社会发展的强大动力,实现农村环境大转变,走出了一条新时代美丽乡村建设与乡村治理创新协同共进的道路。仙居县乡村治理的"三绿"模式值得各地学习借鉴。

第三,率先打造"九都风情水韵埠头"乡风文明示范线。仙居县有 313 个村(社区),存在村与村之间发展不平衡、环境

第八章 乡风文明建设典型案例

需进一步改善、村民生活水平提高不明显等不足。如何将乡村振兴战略化为生动实践,实现村强民富,成为仙居急需破解的难题。为此,仙居把建设乡风文明示范线作为破解这个难题的重要抓手和实践载体。2018年初,仙居在全县打造一批"产业兴旺、生态宜居、乡风文明、治理有效、生活富裕"的乡风文明示范线,着重从环境洁美、生活甜美、生态优美、乡风和美这四个方面入手,坚持整线规划、突出"一村一品",既提升乡村"颜值",擦亮了"面子",又注重思想道德渗透和文化文明元素嵌入,提升新农村"里子",更拓宽了产业兴旺、村民增收的致富"路子"。目前已有20多个乡镇(街道)提出要打造一条具有本乡镇(街道)鲜明特色的乡风文明示范线,取得了阶段性进展。

第四,率先开展乡贤助推乡村振兴"六个一"行动。泽被乡里,温暖故土。仙居率先启动乡贤统战工作,率先探索乡贤统战工作的组织体系、制度体系、服务体系和作用发挥体系,率先开展"我的村庄我的梦",乡贤助推乡村振兴"六个一"行动。即:引导一批能人返乡,实现"人才回村";带动一批项目回归,实现"产业旺村";建设一批宜居村庄,实现"生态美村";传承一批特色文化,实现"文化育村";优化一批基层治理,实现"善治安村";引领一批乡风文明,实现"公益助村"。目前,全县20多个乡镇街道均已建立乡贤联谊会,并分别成立了126支乡贤助推乡村振兴"人才回村、产业旺村、生态美村、文化育村、善治安村、公益助村"6大行动服务队,汇聚乡贤3650多名。据不完全统计,仙居乡贤助推乡村振兴行动累计吸引投资项目53个,总额24.8亿元;乡贤帮助调处各类社会矛盾纠纷1100多起,参加公益事业650多项,筹集乡贤基金1700多万元,为全省乃至全国乡贤助推乡村振兴工作提供了"仙居经验"。

第五,积极开展新乡风涵育"八大行动"计划。2019年10月10日,县委县政府制定印发了《美丽仙居新乡风涵育行动计划》,提出以"八大行动"为工作载体。即:新时代文明实践中心推广行动,农村文化礼堂扩面提质行动,文明村镇创建深化提升行动,移风易俗陋习集中整治行动,"千村万户亮家风"主题推进行动,"乡村有礼"品牌培育行动,乡村德治示范引领行动,乡村文脉传承弘扬行动等,持续推进移风易俗,培育良好文明风尚,强化教育引导、实践养成、制度保障,全面推进新乡风建设。

上述仙居聚力乡风文明的一个个率先行动和积极探索实践,有力推动了乡村治理的不断完善和乡村振兴战略的深入实施。

第二节 湖北省宣恩县:"无形的文明"有形化 村寨山水换新颜

说起湖北宣恩的美,千户土家水田坝、灵山碧波清水塘、古韵悠悠野椒园等地都会引起许多人的共鸣。而在山水之外,宣恩的美更在人心。

村睦善治、家风淳厚、孝老爱亲……从村落到家庭再到个人,宣恩因为乡风文明建设的不断推进,而处处荡漾着美好的气息。宣恩围绕"五美""五好""十无"的创建标准,开展"出彩宣恩"善行榜建设、"传出彩家训·扬文明家风"、推进移风易俗等一系列延伸活动,推动社会主义核心价值观在贡乡落地生根,为美丽乡村植入鲜活"基因"。

"无形的文明"有形化

在椒园镇店子坪村,说起五组的单身汉周纪友,没有谁不竖起大拇指。

"这个小伙子不简单,找媳妇的标准就是对老人好、有孝心呢!"村党支部书记杨昌辉说起村里"大龄青年"的择偶要求,满是赞誉。

39岁的周纪友多年照顾失明母亲生活，不等不靠勤俭持家。随着年纪逐年增加，他依旧单身。老母亲急得不行，周纪友却并不在意，他说："虽然以前也遇到喜欢我的，但能和我一同照顾母亲的却没有，我宁愿打光棍，也要把母亲赡养好。"

周纪友的话，让同村不少人感动。2018年年底，他通过全村评选，获评为"孝老爱亲"典型。而因为周纪友对母亲的至纯孝情，全村的文明新风也越吹越劲。该村通过搭建乡风文明建设载体，开展"文明家庭""道德模范""十星级文明户""好媳妇""致富带头人"等"出彩"系列评选，深入挖掘村民身边的凡人善举、好人好事，树立村民身边的乡风文明建设标兵，用榜样的力量引领社会道德风尚和文明乡村建设。

同时，该村以村民喜闻乐见的形式让"群众说群众，典型说典型"，引导村民崇德向善，主动提升自身素质，积极参与到乡风文明建设中来，达到"用身边人讲身边事，用身边事教身边人"的目的，展现出崇德向善的村容新貌。

乡风文明本是乡村看不见、摸不着的软实力，而通过建阵地、强载体，宣恩以全民素质提升工程"出彩"系列评选活动为主，紧扣"推动移风易俗、树立文明乡风"主题，出台了乡风文明建设系列方案，构筑起乡风文明建设框架，让"无形的文明"有形化。

文明乡风"种"在农村

2018年的"六一"对万寨乡白果坝村村民来说，充满着感动。

当天，白果坝村点校邀请了白果小学全体师生到校共庆"六一"。天公不作美，忽然下起了大雨，村民们见状，自发搭起简易雨棚，让100多名学生度过节日。活动结束后，村民建议在村里建一个永久性的雨棚，保障村内各种文体活动进行。

说干就干，平安白果坝村群主在村群发出倡议，消息一出村民积极响应，10元、50元、100元、500元、1000元……不到一个月时间就赞助了3万多元。通过讨论，在原来的活动广场上搭建钢构雨棚，通过询价、招标，确定了施工队，很快，安全、防漏的新广场建成。2018年年底，白果坝村持续7年的自办春晚也在此举行。

团结互助、群众认可，白果坝村淳朴的民风化为强大的内生动力，紧紧地凝聚了民心，提升了村民素质和乡村文明程度。多年来，该村未发生上访事件和治安案件。白果坝村去年还摘得全县"出彩乡村"美誉，使得乡风文明成为村里的"活招牌"。

为让优良乡风民风文化"种"在农村，宣恩成立红白理事会、志愿服务队、农民文艺演出队，制定村规民约、兴国家训，建立综合文化服务中心、社会主义核心价值观文化墙、身边好人榜，以及创办乡村讲堂等，引领全县乡风民风更加文明，实现乡风民风美起来、人居环境美起来、文化生活美起来。

针对铺张浪费、天价彩礼等陈规陋习，该县把集中整治与建立长效机制结合起来，各村（居）纷纷组建农村红白理事会，出台婚丧嫁娶办事流程、标准和奖励办法，建立相应的检查评比和考核机制，向乡村陋习"亮剑"。如今，全县279个村（社区）100%修订完善了村规民约，100%成立红白理事会，文明新风拂面来。

村寨山水焕发新颜

走进珠山镇各个村落，村道干净整洁、村居雅致韵味、村落生态秀丽……因为"垃圾"这件小事，全镇村村寨寨来了一次"换脸"。

"家里积存的饮料瓶、啤酒瓶、废金属等拿到村委会垃圾银行置换，获得1袋洗衣粉和1包食用盐。"前几天，宝塔村五组53岁的村民唐银新，在党员群众服务中心用垃圾换得礼物后，他直言"太值得"（图8-2）。

（来源：浙江在线，2019-11-18）

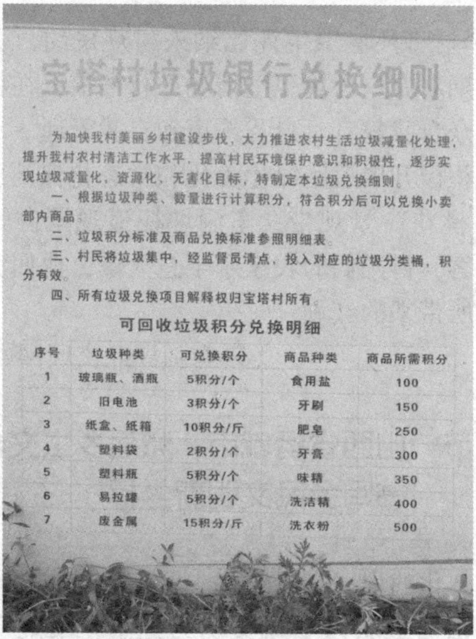

图 8-2　垃圾银行兑换细则

"现在在村里看不到垃圾，环境卫生管理得很好，整个村子也干净起来了！"村党支部书记吴云彪颇为高兴。2017年起，以往环境较差的宝塔村试点成立"垃圾银行"，推行垃圾回收积分兑换制度。村民可用自行分类整理好的生活垃圾到村委会累计积分，定期兑换生活用品，同时，划定卫生区域，分片包户，每月评比，实现农村环境卫生综合整治常态化、长效化。如今的宝塔村，在山水陪伴下尽显整洁、秀美。

为提高全镇村容村貌，珠山镇将每个村民当做参与主角，以农村垃圾治理、村容村貌提升和农村生活陋习为主攻方向，动员力量、整合资源、强化举措，推动移风易俗。通过开展活动树立爱卫生、勤清洁、讲文明、树新风的观念，来改变镇村环境脏、乱、差的面貌。

该镇19个村将环境卫生评比纳入村规民约，引导各村乡风文明理事会定期对农户环境卫生情况进行考核，在村内公布考核结果，实现群众自我教育、自我约束和自我管理。

随着该镇积极开展道路绿化美化和常态化保洁，沿老209国道打造"十里桃花"景观带、车洞坪栈道观景台等村落景致也吸引了不少来客，村民们的农家乐生意火爆，他们实实在在享受到了环境改善所带来的红利。

（来源：湖北文明网，2019-8-13）

第三节　山西省运城市：激活乡土文化书写乡风文明新坐标

中华传统文化的根底在于农耕文明和乡村文化。在实施乡村振兴战略中，山西运城以乡风文明为抓手，聚集全社会崇德向善、向上、向美的正能量，积极培育文明乡风助力乡村振兴。

一、家规家训挂门口　争相亮出传家宝

运城古称河东，在千百年历史长河中，不仅诞生了三国名将关羽、史学大家司马光等一大批文武俊秀，也产生了裴氏、薛氏、柳氏等一大批名垂青史、影响深远的名门望族，出现过以柳公权为代表的永济柳氏、以裴度为代表的闻喜裴氏以及以薛瑄为代表的万荣薛氏等传统经典家规家训，形成了独具特色、精彩纷呈的河东家道文化。

如今，传承家道文化，学习家规家训、运用家规家训，已在运城蔚然成风。

来到盐湖区陶村镇大村文化大院（图8-3），乡村文化气息

扑面而来。在紧挨大门的文化墙上，精心喷绘的大村优秀家训选粹展板吸引了人们的目光，入选的 22 个家训，按关键词进行分类，涵盖德、孝、仁、义、善等方面，如"孝敬老人，严教子孙；传承美德，从我做起""以德立身，用心做人""德为先，勤为本，善作魂，和为贵"……"这些家训或是村民自己总结出来的，或是家族流传下来的，蕴含着一个家庭的精神面貌和人文风采。"大村党支部书记李武存说，这些家规家训都是村民的"传家宝"，把传家宝亮出来，不仅对自己是一种督促，对别人也是一种激励。只要每个村民都积极向上，整个村子就会朝气蓬勃。

图 8-3　大村文化大院

来到闻喜县侯村乡寺底村，村文化大院里的党员家风家训文化墙格外引人注目。文化墙上，不仅晒出一个个党员的家训，人人还都配了头像，留有姓名。如史云财的家训是：孝敬老人，从我做起；潘正德的家训是：邻里和睦处处是笑容，家庭和睦天天享快乐……此类做法在运城乡村已相当普及，比如闻喜县东镇镇上镇村、万荣县皇甫乡灵池村的文化墙上,也都图文并茂地晒出村里一批有代表性的家规家训。

在盐湖区西张耿村,家家大门口的墙上挂着家风家训,牌子上写着户主名字。据介绍,村里娶媳妇、嫁闺女,如今都要把家风家训牌作为考察标准,首先打听是不是贯穿于家庭生活、家庭教育、家庭建设方方面面。

盐湖区雷家坡村,每年在全村范围征集家风家训,并悬挂在家中醒目位置,强调传承以保持德行不坠。村民张西海2018年3月16日嫁女时,不仅没要彩礼,还给女儿陪了个特殊嫁妆:一块家风家训牌匾。婚礼上,张西海反复叮嘱女儿:"婚后一定要孝敬公婆、和睦邻里、勤俭持家,不能丢了家风。"

最是家风能致远。在良好家风家训的引领下,运城涌现出了一批新乡贤。他们或返乡担任村"两委"主要干部,为乡村振兴注入了新鲜血液,成为脱贫致富带头人;他们或出钱、或出力、或出智,不遗余力为村里的发展贡献力量。

二、创新乡贤文化　赋能乡村振兴

乡情乡愁,是人类最朴素最真挚最恒久的情感。自古以来,以耕读传家、崇文重教、民风淳厚而著称的运城市,人文荟萃,乡贤辈出。"孔门十哲"卜子夏、文中子王通、文清公薛瑄、"山西通儒"、戊戌变法六君子杨深秀等"古代先贤"的思想、精神、品格,深刻地影响着当代运城人的价值观念、行为取向、精神风貌。

改革开放以来,全市大约有60万人先后通过上学、参军、经商等各种方式走出乡村,在外地发展,干出了一番事业,时刻关心着家乡。同时,还有一大批人士留在本土,成为引领农村发展、农民致富、农村新风尚的带头人。这些成长于乡土、成就于乡外、奉献于乡里,在乡民邻里间威望高、口碑好、有德行、有

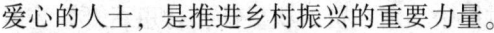

爱心的人士,是推进乡村振兴的重要力量。

如何把这些人的作用发挥出来,使他们成为乡村振兴的重要资源?运城市紧紧抓住由传统文化经创造性转化与创新性发展而形成的新乡贤文化,大胆尝试,力图为乡村振兴走出一条新路。

万荣县西村乡永利村的王靖博,在临汾开了好几家大饭店,在生意最红火的时候,由于人气高、能力出众,王靖博竞选上了村干部,成为永利村的当家人。村里人谁也没想到,短短三年时间,这个寡言的汉子便将曾经贫穷落后的永利村旧貌换新颜,来了个大翻身!贫困村成了全县首屈一指的"文化名村"。

闻喜县侯村乡寺底村村委会主任吉平娟以前长年在外经商,当选后回到村里,累计出资数10万元,帮助村里硬化道路、美化亮化环境。如今的寺底村,不仅村容村貌有了翻天覆地的变化,而且楹联文化也做得好,实现了从"河东楹联文化村"到"中国楹联文化村"的跨越。

在运城,像王靖博、吉平娟一样,从商人转型到基层干部,从商场转战到农村发展主战场上的人不在少数。他们在外创业成功,有头脑、有胆识,回乡进村委班子后,他们眼界开阔、敢想敢干,为乡村振兴注入了新的活力。仅在去年的村"两委"换届中,625名新乡贤进入村"两委"担任职务。

为吸引更多的人士参与家乡建设,2017年初,运城在全市开展了"寻找新乡贤"活动。重点寻找有奉献精神、对农村经济文化和社会发展有带动力、引领力的好人、贤人,用他们的高尚品德、勤奋敬业、知识技能等带动周边乡邻,促进乡村发展。目前,运城市本土、离土、外来新乡贤已有1.2万人,初步实现村村都有新乡贤,族族都有新乡贤。

在全体村民大会上披红戴花,拍摄视频在村微信群里表扬,把事迹制作成图文并茂的版面上墙展示。在万荣县皇甫乡灵池村,只要是为村里做事的新乡贤,都会受到特别的待遇。尊重、礼遇、善待，提高了村民争当新乡贤的积极性，村里召开新乡贤大会，在外人员一下子就回来了200多人。灵池村村委会主任杨自宁说："乡村要振兴，凝聚人心是关键。尊重新乡贤，就能吸引更多的人参与。"

为充分发挥新乡贤作用，运城市制定下发了《关于弘扬新乡贤文化推进新农村建设的实施意见》，对新乡贤文化建设进行全面部署。

目前，运城已建立了县乡村三级"新乡贤"理事会机构，各县市评选了一大批"新乡贤"，举办了"凝聚智慧，助力发展"新乡贤公益创业大赛，确定了第一批130个"新乡贤"公益创业项目。为了吸引更多资源投入乡村建设，进一步用好新乡贤资源，运城在部分县市试点，通过新乡贤理事会建立"互助合作社"，由新乡贤出资建立基金会，扶持农村项目建设。目前已初见成效，仅闻喜县互助合作社就发展到9个，新乡贤投入资金近380万，为当地的乡村振兴注入了文化活力和金融实力，为全市各村庄推进新乡贤文化建设活动提供了宝贵经验。

"经过两年的实践，运城新乡贤工作理论、模式、制度的成果渐渐有了雏形。通过人人可做新乡贤、人人易做新乡贤、人人争做新乡贤的'大众模式'，汇聚起了运城乡村振兴的社会力量。"运城市委书记刘志宏说。

三、村史馆浓缩乡愁 拓展文化新空间

一个村落集体的乡愁追忆，最大限度地凝聚起当地人的集体智慧和能力，让村民得到了文化传承，使村民更加了解自己的先人在这片土地上是如何劳作与创造的。运城各地陆续建设的村史馆正是扮演了这一角色。

万荣县四望村村史馆是一家设计很有现代感的展览馆。馆前高挂着两个红灯笼格外醒目，装饰也很古朴，即使不看门前的村

第八章 乡风文明建设典型案例

史馆门牌,也会觉得这是一处和历史有关的场所。走进村史馆,大气、时尚的展区装饰,得体、和谐的展览布局,就让人感觉这是用心之作。展览从四望的千年历史讲起,分为"沧桑历史""沧桑岁月""家族档案""功业流芳"四部分,全面地展示了该村的千年历史变化、经济社会发展以及人文精神的传承,成为四望村村民接受教育的新基地。展区以照片及文字为主,辅以少量的书籍、资料及历史变迁中的生产生活用具。透过一张张发黄的黑白照片、一幅幅错落有致的彩色照片,让人感受到四望千年的沧桑巨变,也纵览了四望今天朝气蓬勃的崭新面貌。

灵池村史馆,是一个很有历史感的村史馆。古朴的设计、简易的陈设,馆中展出的不同时期的历史文物,无声地诉说着这个村庄的不凡个性和文化底蕴。展区里还摆放着犁耧耙耱、风车等生产农具,老式水壶、烟袋、桌椅板凳等生活用品,展示着当地特色传统手工艺以及乡贤名人、村规民约等内容,让本村历史和文化熏陶后代,感受时代变迁,增强对家乡的热爱、自信和自豪感。

近年来,运城市乡村陆续建起了以村落文化为主题的村史馆,仅万荣县就建了村史馆52个。这些村史馆,有的展示旧时生产生活用具,有的展示当地特色传统手工艺,还有的收集了乡贤名人、村规民约等内容,让本村历史和文化熏陶后代。村史馆为群众提供了一个延续历史文脉、回忆田间乡愁的好去处,成为留住乡愁、凝聚人心、传承文明的重要平台。

第四节 山东郯城县:以乡风文明铸乡村振兴之"魂"

古郯大地,沃野千顷;文明乡风劲起,乡村如画。

近年来,山东省临沂市郯城县将乡风文明建设作为实施乡村振兴战略的重要支撑,以乡风民风、人居环境、文化生活"三个美起来"为目标，着力推进乡风文明建设工作，实现了农民思想观念大转变、文明行为习惯大改善、农村文明程度大提升，打造了宽松文明、充满活力的乡村振兴环境。

一、立体引导　乡风民风美起来

"上台来，听俺言，俺把移风易俗谈。移风易俗大开展，红白喜事要节俭……"郯城县杨集镇孔圩社区文化广场上洋溢着欢歌笑语，庄户剧团浓厚的方言腔调、通俗易懂的表演形式，引来现场观众齐声喝彩（图8-4）。为让文明乡风在农村落地生根，郯城县创新宣传方式，以接地气、带温度的"微宣讲"传播正能量，弘扬真善美。截至目前，已通过快板、小品、故事会等丰富多彩的形式，开展微宣讲100余期，同时推送到微信公众号"指尖上的郯城"，实现了群众接收全覆盖。

图8-4　郯城县文艺演出

为着力引导群众转变观念，营造良好的舆论氛围，郯城县还把社会主义核心价值观融入农村公益广告宣传，推出一批富有乡土气息、符合农民审美情趣的优秀作品，运用农村喇叭、微信推送、微电影等形式进行讲解宣传。组织农村庄户剧团创

第八章 乡风文明建设典型案例

作、编排一批以喜事新办、丧事简办为主题的文艺节目,借助"走进新时代 欢乐进万家""送戏下乡"等活动进社区、村巡回展演,传递正能量。在通过大力宣传转变群众观念的同时,郯城县还持续深化移风易俗行动,健全完善乡规民约、红白事理事会等制度,广泛开展道德评议、村民评议等活动,推动形成勤俭节约、尊老爱老、崇尚科学的文明生活方式。为避免移风易俗"一阵风"现象出现,该县还开展"美德郯城"建设及文明村镇、星级文明户、文明家庭创建和"好媳妇""好婆婆"评选活动,将移风易俗作为"新农村新生活"培训主要内容,推动乡风民风美起来。

二、综合治理 人居环境美起来

盛夏时节,在郯城县归昌乡刘塘村,凉亭、农耕文化广场、小桥、流水相映成趣,村民庭院干净整洁,房前屋后绿化带修剪整齐……陶渊明笔下的桃花源是千百年来人们追寻的梦想家园,而今天的刘塘村和郯城县600多个村庄一样,就这样如诗如画地呈现在人们眼前。这是郯城县农村环境综合治理成果的一个缩影。

"'美在农家'创建为新时代巾帼搭建了展示大舞台。"归昌乡妇联主席贡君说。郯城县充分发挥妇女半边天的作用,将"美在农家"与人居环境大整治结合起来,各村根据实际情况成立了10至20人的巾帼志愿服务队,清扫村中道路、文化广场,定期定人打扫贫困户庭院,确保创建一户不落;及时评比选树,表彰创建活动中涌现出来的好家庭、好典型。

在农村环境集中整治活动中,郯城县以"六清六无"为目标,全面清理以柴堆、粪堆、垃圾堆等为主的"五大堆",清除河边、沟边、路边、小区内部、背街小巷常年积存的各类垃圾。为整合推进力量,做好结合文章,该县将"美丽乡村"创建与城乡环卫一体化、农村道路硬化"户户通"、农村改厕、"户外清"专项整治活动等环境综合治理工作结合起来,全面提升村庄"五化"水平……郯城农村环境综合治理犹如一支神笔,将郯城农村描绘得绚烂多彩。

三、多措联动　文化生活美起来

"以前吃过晚饭就坐在沙发上看电视,现在俺也成'广场舞大妈'了。"每当夜幕降临,港上镇珩头西村文化广场上的音乐一响,村民杨世芬就赶紧去"出出汗"。郯城县通过推进农村文化广场建设、文体器材配送、广播"村村响"、广场健身舞、文艺社团和文化带头人培育五项文化惠民工程,走出了一条富有鲜明特色的农村精神文明建设之路。

郯城县以满足群众经常性和多样性文化需求为导向,紧密结合该县文化特色,大力推出"群众牌""美德牌""惠民牌""连心牌""非遗牌"等县镇村文艺汇演,呈现出群众参与范围广、节目地方特色浓郁、唱响主旋律、社会反响好等特点。结合送文化下乡活动,对文化活动带头人进行传帮带,县乡两级分别组织优秀文艺社团下乡演出,并进行财政补助。同时出台奖励政策,鼓励群众大力传承柳琴戏、鲁南五大调、姐儿妞等地方特色文艺形式,成立了庄户剧团、秧歌队等地方文化团体110多家。

每年的县乡村三级文艺汇演、广场文化节、文化下乡、群众自办演出等一系列文化活动不禁令人赞叹:如今的郯城农村,文化设施越来越齐全,活动内容越来越丰富。

文明新风铸就乡村振兴之"魂"。乡村振兴路上,乡风文明正引领美丽郯城跑出"加速度"。

(来源:山东文明网,2019-6-24)

第五节 甘肃省金昌市：实施"六大工程"涵育文明乡风

甘肃省金昌市着眼实施乡村振兴战略和推进全域文明创建，以"德育+德治、新风+新貌"为核心，深入实施乡村文明行动"六大工程"，着力培育文明乡风、良好家风和淳朴民风。

一、实施道德涵育工程，育新型农民

广泛设置核心价值观主题景观、文化墙等，采取小曲传唱、快板说唱和剪纸等多种形式开展宣传教育。深入开展"传家训、立家规、扬家风"主题活动，引导农户积极建设新时代家庭文化。创新举办"婆媳互夸会""传承孝道、为亲洗脚""老年人集体生日会"等主题活动，使广大村民在自觉参与中提升了精神境界。

二、实施乡村德治工程，建善法良序

通过评先进、立规矩、树导向，大力倡导文明新风尚。广泛开展文明村镇、文明户、道德模范等典型评选活动，并以敲锣打鼓送文明奖牌到农家的形式进行表彰。截至目前，全市23%的村镇创建为市级以上文明村镇。修订完善村规民约，探索制定《村民褒扬惩戒制度》，对善行义举纳入评先奖优范围予以褒扬，对反面典型曝光惩戒。深入推进道德信贷工程，向全市370多户"星级文明户"发放道德贷款5844万元，部分村建立了道德银行（图8-5）（道德超市）和善行义举记录簿，记录存储并激励回馈村民的善行义举，树立了好人得好报的鲜明导向。

图 8-5 道德银行

三、实施新风弘扬工程,破陈规陋习

深入推进移风易俗,全市 138 个村均建立了红白理事会,制定了彩礼限高标准、红白事办理流程、宴请范围及奖惩规定。大力弘扬婚恋新风,开展"搭鹊桥"七夕青年联谊会等活动,连续举办五届 17 场薰衣草之约集体婚礼。探索设立"孝善基金",建立了由"子女自愿交纳赡养费+财政补贴+帮扶单位资助+爱心企业和爱心人士捐助+'文明股'奖惩"的孝善养老新模式。

四、实施环境优化工程,创宜居家园

坚持建、管、治并重,以改善农村人居环境,提升乡村文明水平。金川区大力实施以"五清一改"为重点内容的乡村清洁行动和"随手拍、随手捡、随时清"志愿服务活动。永昌县深入推进村容村貌整治三年行动,开展了"一元钱"撬动全域无垃圾活动,采取"一次投放、两项积分、三重受益"的激励办法,引导居民将生活垃圾分类称重投放到指定地点后,由废品收

购方及时回收变现付费,并折算积分计入居民"绿色账户"和"道德银行"账户,用一元钱左右的生活用品作为奖励,引导居民分类投放生活垃圾。

五、实施文化提振工程,扬乡土精神

健全完善农村文化活动室、文化广场,组织开展文化院落打造活动,部分村还探索建立了村史馆、民俗馆,文化阵地建设不断加强。组织文化专业人才,对镇村文艺骨干、民间艺人进行培训,在各村分别组建了小戏小曲、广场舞表演等民间文化社团。组织开展"四月八"民俗文化节、"红色文艺轻骑兵"、贤孝演唱周等品牌文化活动,吸引群众广泛参与,有效激发了乡风文明建设的内生动力。

六、实施载体创新工程,添阵地活力

深入实施"八个一"示范工程,积极推进文化墙、乡村文明展示栏建设,目前道德讲堂和乡村大舞台已实现全覆盖。充分利用新媒体广泛开展宣传活动,打造了农村传播文明理念的新阵地。在各村成立道德评议会,促进了村民自我约束、自我管理、自我提升。结合精准扶贫、精神扶贫工作,组织文明单位、城市志愿服务团队与示范村结对帮扶,有效推动了城乡文明共建共育。

(来源:金昌文明网,2019-7-23)

第六节 浙江省舟山市:文化甘露润城乡文明新风扑面来

振兴乡村,文化铸魂。

秋高气爽的时节,我们行走在海岛的村落,处处都能感受到文明新风扑面而来——村容村貌整洁有序、群众生活丰富多彩、移风易俗蔚然成风、"扫黄打非"久久为功……

探究其背后,我们发现,迈步进入新时代的舟山,在推动经济社会发展的同时,加大渔农村文化阵地建设力度,发掘渔农村丰厚的历史文化资源,着力激活乡土文化资源,有效丰富了渔农民的精神文化生活,哺育了渔农村文明新风。

如今,精神文明的累累硕果,化为一股沁人心田的力量,润养身心,悄然改变着千岛之城的每一个人……

一、文化礼堂 搭建农村文化地标

金秋十月,稻谷飘香。一座座白墙黛瓦的农村文化礼堂静谧而有诗意,成为舟山渔农村一道亮丽的风景。

每天早晨 8 时前,岱山县岱西镇前岸社区村民陈伟娜就打开了文化礼堂的大门,简单打扫下卫生后,开始了一天的忙碌。作为村文化礼堂的管理员,她三年如一日,将村文化礼堂管理得井井有条。

走进前岸文化礼堂,敞亮的礼堂内有一个宽阔的舞台,音响、灯光一应俱全,平日里村民们在这里唱唱歌、跳跳舞。礼堂外有一条文化长廊,分别展示了村情村史以及美丽乡村的建设情况。不仅如此,一间独具岱山特色的"盐文化"展览馆,成了孩子们感受古渔镇历史文化气息的"打卡"点。

"以前,在文化礼堂里就只有看戏文,哪像现在周周都有活动!"陈伟娜告诉笔者,"除了我们自发组织的,节假日还会有很多市民、游客过来学习传统文化,村外的团队也常常来为村民演出。"截至目前,该文化礼堂已经组织开展活动 60 余次(图 8-6),群众参与 2400 余人,切实做到"天天不关门,周周有节目"。

前岸社区文化礼堂建设工作只是舟山众多渔农村文化礼堂发

图 8-6　文化礼堂开展文艺活动

展的一个缩影。从无到有，从小到大，由点到面，由盆景到风景……6年来，舟山按照"文化礼堂、精神家园"的定位，一座座主题鲜明、风格独特的文化礼堂，如雨后春笋般拔地而起。

截至2019年10月，舟山市农村文化礼堂建设实际总数达到208家，覆盖全市所有乡镇、25个住人岛屿、81%的渔农村社区村，走在全省前列；组织开展"我们的节日""我是种田王""精神食粮送船头"等多项具有舟山渔农村风味的活动。

礼堂是场所，文化是内涵。"升国旗庆国庆""开蒙礼""祈福礼""重阳敬老礼"，文化礼堂让这些沉睡多年的传统礼仪复苏；村史展示、民俗沿袭、知识普及、矛盾调解，文化礼堂成了人们传承文脉记忆的"乡愁基地"和凝心聚力的"精神家园"。

"渔农村文化礼堂在潜移默化间影响了村民生产和生活方式。"舟山市委宣传部相关负责人说，一座有形的文化礼堂能够给当地村民带来无形的精神财富。如今，村里打球健身的人多了，烧香迷信的人少了；关心村里事情的人多了，发牢骚讲怪话的人少了；读书看报的人多了，打牌搓麻将的人少了；邻里相互帮助的多了,争争吵吵的少了。

文化礼堂"活"起来了,如何实现可持续发展?舟山逐渐探索出一套行之有效的管理机制:推出文化礼堂"公益金""乡贤基金",有效缓解日常运行经费不足的问题;加强文化礼堂管理员培训工作,扶持渔农村群众文化团队发展,培育文化礼堂志愿者队伍,引导渔农民自主开展活动;打造"一村一品""一堂一色",做好"文旅融合"文章;整合基层公共服务资源,汇集形成"配送大菜单",推动乡风乡愁、法治宣传、培训服务等走进文化礼堂,满足渔农民群众多样化文化需求。

以有形建筑凝聚起无形力量。遍布基层的文化礼堂化身为一座座"红色家园",让向上向善力量充满其中,使人们身处其间"有所憩""有所寄"。

二、"扫黄打非"守护农村文化净土

"你店里证件不齐全,是不允许销售书籍的。"近日,定海区盐仓街道组织市场监督管理、派出所等多家部门安全巡查时,发现居民区边上的一家书屋并未办理出版物经营许可证。执法部门当场勒令该店下闸停业整顿。

2019年6月,舟山全面开展清源、固边、净网、护苗、秋风五大"扫黄打非"专项行动,为老百姓享受健康文明的文化生活筑起一道坚实的"防火墙"。

俗话说:基层不牢,地动山摇。基层是文化工作的主阵地,同时也是"扫黄打非"工作的重点、难点和薄弱环节。舟山市"扫黄打非"办负责人说,要想箍牢社区、校区、厂区的每一道缝隙,就必须激活基层一线"神经末梢",依靠群众、发动群众、群防联治是必由之路。

如何真正进入基层,不留死角?以盐仓街道为例,该街道辖区内外来流动人口多,居住人员结构较复杂,且周边大小印刷厂

有10余家,是"扫黄打非"重点整治对象之一。

为"打"出声势,"扫"出新貌,清除文化雾霾,该街道把"扫黄打非"融入意识形态、综合治理和精神文明建设中,在各社区成立了"扫黄打非"工作站,并通过实施网格化治理,将人口密集、流动性大的重点部位"一网揽尽"。

"现在每一位网格员都是打击非法出版物的'千里眼'和'顺风耳'!"盐仓街道宣传委员王晓君介绍,网格员定期深入所辖超市、农贸市场、书店、厂区、网吧等地,大力开展"扫黄打非"宣传活动(图8-7)、日常巡查、联动查处等。同时,街道还加强网格员业务培训,提高网格员发现问题、处置问题的能力。

图8-7 舟山扫黄打非部门向市民发送宣传手册

窥一斑而知全豹。盐仓街道是舟山市"扫黄打非"工作深入基层的一个缩影。为确保"扫黄打非"工作在渔农村全覆盖、无死角，舟山统一设计、制作了430多套包含工作职责、制度规范、巡查重点、人员、日志等内容的挂板，覆盖每一个乡镇街道和行政村，并建立制度化、规范化、常态化的工作机制。

把握宣传的主动权，多渠道渗透，是舟山市"扫黄打非"工作深入基层的另一个突出特点。除了制作、发放《"扫黄打非"进基层工作手册》等宣传品外，市"扫黄打非"办还设计制作了"扫黄打非"动漫短视频，通过电视、新媒体、阅报栏、公共交通等平台进行公益广告发布，进一步提升农村居民、企业职工和师生对涉"黄"涉"非"的鉴别能力，引导基层群众参与"扫黄打非"、举报涉"黄"涉"非"，让涉"黄"涉"非"等违法犯罪行为没有藏身之地。

除此之外，舟山市还将"扫黄打非"内容纳入村规民约（社区公约）两约修订内容，并出台"扫黄打非"举报奖励办法，对举报反映涉"黄"涉"非"问题和线索，形成行政处罚案件的，给予举报人500元至5000元奖励；形成刑事案件的，给予举报人5000元至1万元奖励。最高个案奖励金可达60万元。

三、移风易俗　破除农村文化陋习

没有吹拉弹唱，没有锣鼓震天，2019年重阳节，嵊泗县五龙乡黄沙村的"家宴中心"里摆了16桌长寿筵席，158位70周岁以上的老人们围聚在一起拉家常、问寒暖、话佳节。

10个老人一桌，人均价位50元，与大操大办的寿宴相比，黄沙村的长寿筵席一切从简，风气为之一新。虽节俭，但村里在配菜上特意花心思，为老人们准备了素、软、细又容易消化的食物。

"自县里出台移风易俗政策，村里推行下去后，结婚、祝寿、乔迁等宴席大操大办的少了，简化节约的多了。"五龙乡宣传委

第八章 乡风文明建设典型案例

员贺幼鹏介绍,按照县里"婚事新办、丧事简办、喜事简办"要求,村里所有党员干部都签了承诺书,带头转变风气,并召开村民代表会议,定制"二类菜单",积极推动家宴中心建设。

"宁荒一年田,不丢人情场。"近年来,一些渔农村婚丧嫁娶中的攀比心理和功利意识抬头,红白喜事动辄几十桌,每桌上千元,讲场面、比阔气,花费巨大。更有甚者借此宣传封建迷信,表演低俗节目,带坏了乡村风气,拉低了村民素养。

为遏制此不良之风,2019 年,倡导移风易俗的文明新风在舟山"荡漾"——各个乡镇刹住大操大办"面子风",努力破解盲目攀比"人情网"。

眼下,舟山市移风易俗工作由点及面稳步推开,正在由"盆景"变为"风景"。各村出台健全《村规民约》等有关配套制度和措施,制定红白理事会章程,规范办理婚丧事宜的操作流程,让群众办事有规可依、有章可循;党员干部发挥带头作用,常组织常学习,营造浓厚舆论氛围;开展文明村镇、文明社区、文明家庭等各类文明细胞的创建,用榜样的力量传播善行义举,引领社会新风。

党风带民风,家风带社风。随着移风易俗工作深入渔农村,群众大力弘扬厚养薄葬、崇俭戒奢新风,成效明显。

2019 年 7 月 26 日,家住普陀六横滚龙岙的 76 岁老人乐玲娣,在遗体捐献志愿书上郑重地签上了自己的名字,决定百年之后将自己的遗体捐献给浙江大学医学院用于医学研究。而早在 2002 年,乐玲娣的老伴吴林如就签下了遗体捐献志愿书,成为六横首个遗体捐献志愿者。

不仅如此,他们的外甥女和外甥女婿也分别于前年在上海签下了志愿书,成为遗体捐献志愿者。

嵌入百姓生活的文明新风,不仅有红白喜事新办简办的全新体验,还有绿色文明丧葬、祭扫方式渐入人心。

近年来，舟山各级民政部门结合本地实际，积极推行以骨灰纪念存放方式为主，海葬、树葬、花坛葬等相结合的节地生态安葬方式。嵊泗县和普陀区朱家尖街道已停止传统公墓建设，一律建设骨灰纪念堂（塔）。

据舟山市民政局相关负责人介绍，目前，舟山市已建成55个骨灰纪念堂（塔），2处海葬纪念碑以及1个节地生态安葬主题园。各地均出台了节地生态安葬奖补政策，给予实施生态安葬的本地居民一定奖励。如定海区骨灰纪念堂存放补贴500元，海葬、树葬、撒散等不保留骨灰的补贴2000元；普陀区树葬花坛葬草坪葬补贴1000元，海葬补贴5000元；岱山县树葬补贴1000元，海葬补贴2000元；嵊泗县树葬补贴1000元，海葬补贴2000元。

（来源：浙江日报，2019-10-31）

第七节　河南省平舆县：美丽乡村劲吹文明乡风

乡村之美不仅是青山绿水等外延之美，更是让未来乡村充满魅力、吸引力和助推力的"乡风文明"内涵之美。如今，深入河南省驻马店市平舆县的各个乡村，新风拂面、文明荡漾、美丽入画。平舆县以提升农民整体素质和社会文明程度为目标，创新工作方式，精心设计活动载体，丰富农村群众文化生活，不断提升乡风文明建设水平，走出了一条颇具平舆特色的以乡风文明滋养乡村振兴之路。

一、重视非遗　传承舆乡文化

一方水土养一方人，最能涵养人的是当地的优秀传统文化。平舆县委、县政府高度重视非物质文化遗产保护工作，自2007年以来，积极参与了省市文化部门组织的非物质文化遗产的挖掘和保护工作，共出动人员1900多人次，收集非遗项目线索370多条，经过县乡两级文化部门非遗工作人员的努力，先后成功申报了省级非物质文化遗产项目《太平车制作技艺》《丝弦道》《董永和七仙女传说》，市级非遗项目《高头龙》《行意拳》。目前该县的非物质文化遗产项目总数达到省级3项、市级11项、县级27项，丰富了平舆县的非遗项目库建设。

通过在春节、中秋、端午、文化和自然遗产日、中国农民丰收节等重要的传统节日和纪念日举办各种文化活动，对非物质文化遗产项目进行展示和展演。由县丝弦道非遗传承保护中心编排的丝弦道剧目《德孝情》于2017年12月成功在北京梅兰芳大剧院上演，受到戏剧界专家评委和观众的一致好评，被业界誉为"中州艺苑有瑰宝，亦曲亦戏丝弦道"。平舆县民营剧团——平舆县炎黄文工团倾全团之力编排了丝弦道剧目《困拔贡》，于2018年9月18日成功进行了首场演出，戏剧界的专家评委给予了高度评价。

平舆县围绕"车舆文化""奚仲文化""太任文化""陈蕃文化"等历史文化资源，深化文化研究挖掘，因地制宜，科学有序推进，充分利用可建设空间，因地制宜地推进城市、商业、文旅商、农文旅等综合体项目历史文化板块保护性开发。

平舆县文化馆（平舆县非遗保护中心）建设了近200米^{2}的非物质文化遗产展厅，将全县的非物质文化遗产项目以实物、图片、记录、电视专题片的形式在展厅里予以展示，为该县的非物质文化遗产保护工作提供了较好的条件。

二、见贤思齐　崇德就会向善

今日的舆乡，一股蓬勃生长、崇德向善的新风扑面而来，孝老爱亲、助人为乐的好人好事每天都在发生……

平舆县深入开展文明市民标兵、道德模范、文明家庭、最美人物、好婆婆、好妯娌等各项文明系列评选活动，对一大批道德模范进行评选表彰。截至目前，全县共有14人荣登"中国好人榜"，4人荣登"河南好人榜"，10人荣获"驻马店好人"称号，13人荣获"天中最美母亲"称号，27人先后被评为平舆县第一届、第二届、第三届道德模范。其中，万金店镇农民赵小参被评为第五届"全国道德模范"。通过打造全方位、立体式的宣传攻势让道德模范的先进事迹走进千家万户，让身边好人推荐评选活动妇孺皆知，平舆县道德模范引领示范作用不断显现，好人之城品牌不断巩固。

积极推进未成年人思想道德建设。评选、表彰和宣传了一批新时代好少年，广泛开展"争当合格小公民""争做美德少年""小手拉大手、共创文明城""清明祭英烈"等主题实践活动，组织开展经典诵读、校园文化节等活动，引导中小学生树立正确的世界观、人生观、价值观。在全县范围内开展"好少年"推荐评选活动（图8-8），十字路乡一中学生杨李慧从众多人选中脱颖而出，被省教育厅评为"河南最美孝心少年"，是驻马店市唯一获此殊荣的学生。

图8-8 平舆县"新时代好少年"表彰暨先进事迹发布会

第八章　乡风文明建设典型案例

各类先进榜样,如群星一样遍布平舆乡村的每一寸土地,成为带动文明乡风、推动乡村振兴的重要力量。

三、移风易俗　树立文明乡风

开展移风易俗宣传教育实践活动。广泛深入开展移风易俗的宣传教育,发动群众开展讨论,自觉破除陈规陋习,形成社会共识。

建立"一约四会",制定红白事操办标准。各乡镇(街道)和相关职能部门督促指导各村按照村民自治、民主管理的原则制订完善村规民约,建立健全红白理事会、村民议事会、道德评议会、禁赌禁毒会,发动群众开展乡风评议,引导群众自我教育、自我管理、自我服务、自我提高。

组织移风易俗专项治理行动。大力倡导厚养薄葬新风,加强丧葬活动管理。对办理丧事活动中宣扬封建迷信、妨害公共秩序、危害公共安全、侵害他人合法权益和污染环境的行为,坚决予以打击。鼓励扶持农村节地生态公益性公墓建设,提倡推进骨灰撒散、树葬、花坛葬、草坪葬等节地生态安葬。

四、聚力基建　推动文化设施建设

平舆县委、县政府高度重视基层文化服务中心建设,把这项工作作为推进和完善全县公共文化服务体系建设的一项重要内容,多次召开县委常委会、县政府常务会议,专题研究全县的基层文化服务中心建设。成立了以分管副县长为组长,发改、住建、财政、文广新等部门负责同志为成员的领导小组,制定详细的实施方案。全县19个乡镇街道综合文化服务中心已全部免费开放。

定期举办村级文化服务中心主任培训班,对非遗保护、公共文化政策知识、群众文化活动开展、戏曲剧种普查等类知识进行了集中培训，全县218个农家书屋全部实行免费对外开放，完成设施设备及书籍的配送，确保村级综合性文化服务中心发挥功能，服务社会。运用文化阵地，大力开展宣传教育活动，加强思想道德建设，指导着力点放在引导各文化阵地宣传党和政府方针政策，开展社会主义核心价值观宣传。大力普及科学文化知识，提高农民脱贫致富本领。有针对性举办实用技术培训及科技讲座，为农村经济发展注入新的生机和活力。

乡风文明建设不是一时之功、不能一蹴而就，必须久久为功、绵绵用力。

平舆将按照乡村振兴战略的总要求，建立起政府主导、广大村民积极参与的乡风文明建设格局，促进法治、德治、自治有机融合，让乡风文明建设有动力、有活力、有实效，为实现乡村振兴战略打下坚实的基础。

（来源：平舆文明网，2019-8-14）

第八节 河北省丰宁县："道德银行"全覆盖"爱心超市"深融合

丰宁位于河北省北部，全县总面积8765千米^2，辖10镇16乡，310个行政村，11个社区，总人口41万人，是国家级贫困县，省定深度贫困县。针对贫困程度深、脱贫任务重、群众精神贫瘠的实际情况，丰宁从解决村风、民风、家风问题入手，坚持物质脱贫和精神脱贫相结合，深入推进"道德银行+扶贫爱心超市"建设，探索出贫困县精神文化扶贫和推进乡风文明的新路子。截至2019年10月，全县"道德银行"实现了全覆盖，设立"扶贫爱心超市"达299个。

第八章 乡风文明建设典型案例

一、坚持问题导向，探索精神文化扶贫和乡风文明的新路径

党的十八大以来，脱贫攻坚的各项优惠政策不断落地，但丰宁部分群众脱贫致富的主动性还不够强，村风民风还存在着一些不文明的弊端，成为精准脱贫的一大障碍。为此，丰宁借鉴本县胡麻营镇河东村"道德银行"建设的成功经验与民建中央帮扶黄旗镇乐国窝铺村设立"民建爱心超市"的成功做法，将两者嫁接融合，探索精准扶贫、改变乡风的新路径。2018年底，县委制定出台了《关于推进"道德银行+扶贫爱心超市"三年行动计划》，在丰宁全面推进"道德银行+扶贫爱心超市"建设，把每个家庭的好人好事、善行义举、贡献荣誉都记录在册，形成看得见、摸得着、可复制，与百姓日常生活息息相关的具体措施，使精神文化扶贫工作可操作，有抓手，见成效。

二、突出关键环节，打造精神文化扶贫和乡风文明的新引擎

突出建立道德评议组织、抓好道德行为的存入和建立扶贫爱心超市三个关键环节，确保"道德银行"健康规范运行。

建立道德评议会。道德评议会组织成员由村内威信高的老党员、道德模范、妇女代表、民调委员、人大代表、党代表等公道正派、敢于直言、热心公益的群众担任，同时，设有道德银行管理员，专职负责好人好事及不良行为的登记核实工作。

抓好道德行为的存入。按照物质文明、政治文明、精神文明、社会文明、生态文明"五个文明"建设中的标准进行细化评定，制订"道德银行"积分奖励制度，由道德评议委员会根据村民的行为表现进行评议，并确定积分奖励额度。村民的道德积分可长期存入道德银行，也可定期支取，支取方式是通过扶贫爱心超市兑换等价值的物品。

建立扶贫爱心超市。原则要求每个"道德银行"都配建一

个扶贫爱心超市，扶贫爱心超市主要通过企业捐建、帮扶单位共建、村内自建、社会慈善组织帮建、财政奖补建设等方式进行，县财政每年拿出 1200 万元作为奖补资金。通过发挥"小超市"的引领作用，真正使道德行为变为习惯养成；使文明实践成为行为自觉，确保了"道德银行"发挥实效。

三、强化组织保障，夯实精神文化扶贫和乡风文明的新举措

推进精神文化扶贫和乡风文明是一项复杂的系统工程，丰宁通过创新举措，化繁为简，出真力，用实招，虚功实做，保障了精神文化扶贫和推进乡风文明工作的顺利开展。

强化组织领导。2018 年，县委制定出台了关于"道德银行+扶贫爱心超市"建设的系列文件，建立了由文明委负责统筹规划设计，文明办负责牵头抓总，各乡镇（街道、开发区）承担主体责任，各部门、工青妇等各负其责、统筹推进的体制机制。

广泛宣传发动。在"道德银行+扶贫爱心超市"建设中，丰宁始终把宣传发动贯穿于"道德银行"建设管理运营全过程，大力宣传群众在"五个文明"建设中涌现出的典型和经验，并通过大喇叭、宣传栏等形式进行及时宣传，通过广泛宣传不断扩大"道德银行"献爱心、存"道德"的影响力，激发社会正能量。

完善制度监管。丰宁通过出台相关文件确定"道德银行"管理员和"扶贫爱心超市"管理员的职责等，杜绝在执行中出现优亲厚友、徇私舞弊的现象。同时，把"道德银行+扶贫爱心超市"建设列入乡镇村精神文明建设主体责任考核，定期对各乡镇各村建设情况进行督导检查，确保"道德银行"正常运转。

四、注重作用效果，确保精神文化扶贫和乡风文明工作取得新成效

丰宁通过"道德银行+扶贫爱心超市"建设，把道德体系和脱贫攻坚融合、与乡风文明共建、与社会管理衔接，真正使之成为推动脱贫攻坚的新动力，引领文明风尚的新引擎。

主动脱贫意愿增强。"道德银行+扶贫爱心超市"建设在潜移默化中激发了群众的积极性，变"让我干"为"我要干"，变被动为主动，形成了"百舸争流、千帆竞发"的局面。

村风民风更加淳朴。"道德银行+扶贫爱心超市"建设实施以来，群众主动做好事，自觉抵制坏风气，邻里之间互帮互助蔚然成风；家庭内孝老爱亲、夫妻和睦渐成风尚。

社会管理更加有序。"道德银行+扶贫爱心超市"建设增强了群众的归属感、凝聚力和向心力，村级党组织带领群众脱贫致富的作用明显增强。与此同时，丰宁还把"道德银行+扶贫爱心超市"建设与农村精神文明"十个一"建设、村级综合文化服务中心建设、美丽乡村建设有效结合，软硬件齐抓，不仅使农村环境美起来，更让农村美在风尚、美在风气、美在风俗。

如今，全县共建成国家省市级文明村8个、省市级美丽乡村29个，县级文明村176个，村级综合文化服务中心309个，乡风文明示范街265条，极大地提升了农村群众的精神风貌。

（来源：精神文明报，2019-10-31）

第九节 贵州省玉屏：传颂"好人文化" 厚植乡村"尚德"沃土

"好人"是一面旗帜，体现了新时代导向。近年来，贵州铜仁市玉屏侗族自治县大力培育和践行社会主义核心价值观，多

措并举坚持不断推进身边好人建设工作,积极培树身边各类道德典型,传颂"好人文化",讴歌时代楷模,宣扬凡人善举、竖起道德标杆,推出了一大批在群众中立得住、站得稳、叫得响、传得远的道德模范、身边好人榜样。全县先后有3人荣登"中国好人榜"、李茂章家庭荣获"全国最美家庭"荣誉称号、7人荣登"贵州好人榜",2人荣获省、市道德模范荣誉称号,44人获评"最美玉屏人",各级各类"好人"辈出,崇德向善风行玉屏大地。

一、夯实好人培树基础

健全发现、培树、学习机制,将好人培树纳入精神文明建设考核之中。在全县各乡(镇、街道)、县直各部门各明确好人信息员1名,专门负责身边好人推荐工作,实现好人信息上报全覆盖。各单位信息员定期报送好人线索、推荐好人事迹,充分发掘最基层、最感人、最认同的道德典型和案例,采取"发现一个、培育一个、成熟一个、宣传一个"的动态管理方式。建立"好人好事微信推荐群",涵盖全县各级各部门好人推荐工作负责同志,常态化开展业务交流。同时,成立玉屏侗族自治县好人库,将近年来玉屏县荣获的"中国好人""贵州好人""省市道德模范""铜城仁者"等全部入库,并实行动态化管理,不断更新完善。

二、拓宽好人评选渠道

鼓励社会各界积极参与身边好人推荐活动,对有价值的线索进行归类、整理,挖掘重大道德典型参评中国好人、贵州好人,凡人善举不断涌现。每年开展"最美玉屏人""铜城仁者""我推荐,我评议"身边好人网络评选活动,按照群众推荐、部门推报、逐步遴选、评选小组评审、征求意见、公示、文明委审定等

第八章 乡风文明建设典型案例

程序,推荐评选出了一大批可敬可学、事迹突出的好人典型,如12年如一日照顾瘫痪在床的婆婆和高龄公公的姚金玉、40年心甘情愿照顾与自己没有血缘关系高龄老人的唐老久、多年风雨无阻始终坚持奉献在投递岗位的姚茂贤、见义勇为义无反顾独身救起落水儿童的最美少年邓浈柠等。

三、营造崇尚好人氛围

一个好人就是一枚火种,一个典型就是一面旗帜。线下:在舞阳广场打造了"最美玉屏人"主题广场,全面宣传展示好人事迹,建设1个纪实馆,将玉屏县在脱贫攻坚工作中作出突出贡献的先进个人和集体进行集中展示,让干部群众了解先进人物,感受道德力量,自觉模范感染。把每年评选的好人事迹通过宣传干部上讲堂的形式,在新时代讲习所上进行宣讲,并将好人事迹制作成积德榜在公交站台橱窗、LED屏幕、宣传栏、信息公告栏等媒介进行宣传(图8-9)。线上:在玉屏报、微玉屏、玉屏网、玉屏电视台等新闻媒体上对好人先进事迹进行采访宣传报道,并将颁奖晚会现场录制成视频在电视、网站及LED电视显示屏上进行滚动播放,形成全方位、广覆盖、立体化、线上线下同频共振的宣传态势,让"好人好事"家喻户晓、"好人好报"达成共识,为好人文化建设营造了浓厚的社会舆论氛围,全县上下"学好人、当好人"蔚然成风。

四、健全褒奖激励机制

始终把关爱道德模范和身边好人作为"好人文化"建设的重中之重,褒奖善行义举,让"好人"在奉献社会的同时,也得到社会的关爱,充分体现好人有好报的价值导向。出台了《玉屏侗族自治县先进典型管理办法》礼遇帮扶措施,每位"最美玉屏人"按8000元/人的奖励标准和每年按1000元/人的慰问标

图8-9 "最美玉屏人"颁奖典礼

准核拨专项经费。同时,受到表彰的先进人物还享受政治礼遇,部分代表列席党代会及人大、政协两会,积极为地方发展建言献策。"好人"不仅在精神上得到了表彰,在物质和政策上也得到了相应褒奖,全县人民看到"好人"得到了应有的尊重,大力提高了广大干群争当"新好人"的积极性和主动性,也促进了"好人"更好地回报他人、反哺社会,实现"好人效应"良性循环。

(来源:贵州文明网,2019-8-19)

第十节 辽宁省盘山县:践行核心价值观培育乡村文明新风尚

近年来,辽宁省盘锦市盘山县在践行社会主义核心价值观、培育乡村文明新风尚上,持续用力、步步深入,夯实建设之基、铸牢建设之魂、深植建设之根,涵养了崇德向善、守望相助的文明乡风。

坚持内外兼修,夯实乡村文明建设之"基"。盘山县着眼于农村农民生产生活特点,从环境治理和价值观念普及入手,外重"颜值",内修"气质",努力实现环境整洁生活美(图8-10)。他们依托美丽乡村建设持续推进乡村文明,累计投入资金4.5亿元,高标准全方位推动绿化、畅通、净化等工程,将174个行政村、社区全部建成了美丽乡村并持续提档升级。实现了乡村黑色路面全覆盖,成为全省县区乡村公路网密度最大的县之一;农村燃气户户通,85%的农户用上了清洁能源取暖;垃圾分类全面推开,农村垃圾无害化处理率达到100%;率先推开"厕所革命",水冲厕所入室率达到78%以上;村村建有标准化卫生室;农民喝上了优质的放心水,实现24小时供水全覆盖。同时,依托乡村文化阵地持续推进乡村文明,各镇村全部建有"社会主义核心价值观"主题公园、主题广场、主题街路,利用村镇公交站亭、宣传橱窗普及中华传统文化,还组织开展社会主义核心价值观"进社区、进校园、进机关、进企业"文艺演出、好家风好家训好家规故事征集展示、社会主义核心价值观"笑脸墙"绘制展示等特色活动,全方位唱响"孝德盘山、美丽盘山、创新盘山、幸福盘山"主旋律,形成了乡村文明新风尚。

坚持崇德向善,铸牢乡村文明建设之"魂"。盘山县着眼于提高农民思想道德素质,引导农民群众向上向善,努力实现心灵高尚素质美。以教育—示范—引领为切入点,充分发挥"身边好人"、道德模范的示范引领作用,在全县遴选出一批助人为乐、见义勇为、诚实守信、敬业奉献、孝老爱亲的"身边好人"和道德模范,用他们的嘉言懿行垂范乡里。全域开展"身边好人"、道德模范评选活动,涌现出"中国好人"郑玉凡、徐文明等一批事迹突出、品德高尚、群众认可度高、示范引领作用大的先进人物,为基层群众树立了道德标杆。突出了价值引领,加强了未

图 8-10　陈家镇志愿者清扫主街路卫生

成年人思想道德建设实践,盘山县高级中学设立的"爱心基金",20 多年来共募集资金 140 万元,资助贫困学生 1350 人,解决了学生的生活困难及心理健康问题,并荣获全国未成年人创新案例三等奖,有效推动了全县未成年人对社会主义核心价值观的认知认同。

　　坚持凝心聚力,深植乡村文明建设之"根"。盘山县着眼于提高农村乡风文明建设水平,注重发挥基层党组织和基层群众自治组织作用,扎实做好载体活动,努力实现乡风和谐人文美。他们持续巩固完善了村民议事会、道德评议会、禁毒禁赌会、红白理事会,依托"四会"有效遏制大操大办、奢侈浪费等陈规陋习。充分发挥两委班子的战斗堡垒作用,推进新农村建设,涌现出全国文明村镇新村村、李家村、姜家村等一批为先进代表的乡风建设"领头雁"。与此同时,打造了一批庭院整洁的文明庭院,相继开展了文明礼仪、廉洁守家等宣讲活动和"新时代新农民新生活新风采"等主题文化活动,不断满足人们精神文化需求。涌现出陈玉芬、王俊堂等一批"全国最美家庭"典型，构筑起乡村家风建设的靓丽风景线。除此之外，各镇街还开展了"美丽乡村""推进移风易俗、树立文明乡风""文明礼仪进万家"等活动，引导人们崇德向善，持续扬起文明民风。陆万长、王宝骞、戴明忱等乡贤，广泛参与道德宣讲、文明引导、关爱留守儿童等农村志愿服务活动，弘扬了淳朴厚重、诚信互助的乡村文明风尚。

(来源：盘锦文明网，2019-6-26)

参考文献

郭超.2014.用乡贤文化滋养主流价值观：访北京大学教授张颐武［N］.光明日报.

贺佃奎.2004.实现共同富裕之路径的思考：对云浮乡贤理事会的考察［J］.南方农村（4）：57-59.

黄筱娜.2007.乡风文明建设的理论探究与现实思考［J］.桂海论丛（6）：77-80.

李茂平.2012.志愿服务在新农村道德建设中的作用与优势［J］.东南学术（4）：171-176.

刘秋丽.2014.加强农村志愿服务的几点思考［J］世纪桥（3）：85-86.

王好连.2014.历史家训传递家风［N］.汴梁晚报.

吴晓玲，张杨.2012.论乡规民约的发展及其演变［J］.广西社会科学（8）：75-78.